101
EXPERIMENTE
mit Pflanzen

moses.

© 2008 moses. Verlag GmbH

moses. Verlag GmbH
Arnoldstraße 13d
47906 Kempen
Fon 0 21 52 - 20 98 50
Fax 0 21 52 - 20 98 60
Mail info@moses-verlag.de
www.moses-verlag.de

ISBN 978-3-89777-426-1

Redaktion: Anita van Saan, Elke Vogel
Illustration: Charlotte Wagner
Lektorat: Daniela Schönkes-Pasch, Clarissa Flender
Layout, Typographie & Satz: Daniel Kratzke

Printed in Italy

Hast du Lust auf eine Entdeckungsreise durch die Natur?

Unabhängig von der Jahreszeit sind Pflanzen ausgesprochen trickreich, wenn es darum geht, möglichst viel Sonnenlicht einzufangen, Insekten anzulocken, Feinde abzuschrecken und sich zu vermehren.

Man muss nur genau hinschauen!

Wanderst du im Sommer durch den Wald oder über Wiesen und Felder, so breitet sich zu deinen Füßen ein bunter Blumenteppich aus und die grünen Blätter der Bäume rauschen im Wind. Im Herbst jedoch wechselt das Laub der Bäume seine Farbe von Grün zu Gelb, Rot und Braun; es fällt zu Boden und dient Insekten, Schnecken und Würmern als Nahrung.

Im Winter zeigt die Natur ein gänzlich verändertes Gesicht, denn nicht nur die Tiere, auch die Pflanzen legen eine Ruhepause ein und halten „Winterschlaf". Die Äste der Laubbäume sind kahl und man kann sich kaum vorstellen, dass sie vor wenigen Monaten noch grün waren und rundherum alles blühte.

Doch bereits am Ende des Winters stecken erste vorwitzige Blumen wie das Schneeglöckchen oder das Buschwindröschen ihre Köpfchen aus der Erde. Spätestens im Frühling ist die Natur kaum noch wiederzuerkennen, denn alles fängt an zu wachsen und zu blühen. Insekten, Vögel, Schmetterlinge und viele andere Tiere tummeln sich zwischen den Pflanzen, der Winterschlaf ist vorbei.

Nun überlege doch einmal, wie interessant eine Wanderung durch den Wald und über Felder oder ein Rundgang im eigenen Garten sein wird, wenn du Bäume und Blumen anhand ihrer Rinde, Blätter und Blüten erkennen kannst. Und du wirst Pflanzen mit Sicherheit mit anderen Augen betrachten, wenn du verstehst, warum sie grün oder farbig sind, wie sich aus Blüten Früchte entwickeln, warum Pflanzen Wurzeln und Stängel haben, wieso Blumen überhaupt blühen und wie sie sich vermehren.

Und? Bist du nun neugierig geworden auf die spannende Pflanzenwelt, bei der so vieles im Verborgenen abläuft und die so manche Geheimnisse birgt, die es zu entdecken gilt?

101 Experimente zum Thema Pflanzen lassen dich die Welt mit anderen Augen sehen. Denn schließlich löst man Rätsel am besten, indem man die Dinge selbst ausprobiert.

Denn auch du hast dich bestimmt schon mal gefragt:

- **Warum sind die Blätter grün und wieso färbt sich im Herbst das Laub bunt?**
- **Genügt bereits ein einziges Blatt, um Veilchen zu züchten?**
- **Kann Gras auch ohne Erde wachsen?**
- **Welche Blütenteile enthalten Blütenstaub?**
- **Warum sind Bananen krumm?**
- **Welche Aufgabe haben die Wurzeln einer Pflanze?**
- **Wieso spielen Wind, Wasser und Tiere eine wichtige Rolle bei der Verbreitung von Pflanzenarten?**
- **Kennst du die größte Sauerstoff-Fabrik unserer Erde? Und welche Rolle spielt die Sonne dabei?**
- **Wie kann das Alter eines Baumes bestimmt werden?**
- **Was braucht ein Keimling zum Wachsen?**
- **Wie schaffen es Bäume, Wasser bis in die Baumwipfel zu transportieren?**

Und damit wirklich keine Fragen offen bleiben, findest du in den Erklärungen, die jedes Experiment begleiten, die wichtigsten Fachbegriffe erläutert; auch kannst du sie hinten nochmals in einer Übersicht, dem Glossar, nachschlagen.

Komm mit auf die Reise und staune!
Die faszinierende Welt der Pflanzen hält so manche Überraschung für dich bereit!

Und nun: Viel Spaß!

Inhaltsverzeichnis

Wie grüne Pflanzen leben

Pflanzenzellen, Chlorophyll und Fotosynthese

Der Weg des Wassers

Transpiration

Pflanzen mit und ohne Blüten

Von Kätzchen, Kakteen, Lotus-Blüten & Co.

Pflanzenfarbstoffe

Sporen, Samen, Zapfen & Moor

Gräser

Brennnessel, Lavendel

Frühblüher

Bäume

Wurzeln & Knollen

Keimen & Wachsen

Früchte, Samen, Ableger & Co.

Früchterätsel

Vegetative Vermehrung

1. Blattfarbstoff Chlorophyll
Färbt Gras auch Papier?

Du brauchst...
- Grüne Grashalme
- 1 Pappteller
- 1 Blatt Papier

So geht's:
- Lege die Grashalme auf den Pappteller.
- Lege den Pappteller mit dem Gras auf den Boden.
- Lege das Papier auf das Gras.
- Trete auf das Papier und zerquetsche das Gras mit dem Fußballen.

Was passiert?
Das Papier ist grün.

Warum?
Menschen und Tiere, aber auch Pflanzen, Algen oder Bakterien bestehen aus Zellen; dies sind die kleinsten Bausteine des Lebens. Gras enthält - wie alle grünen Pflanzen - einen grünen Blattfarbstoff, das Chlorophyll. Dieser befindet sich in den Pflanzenzellen, aus denen das Gras besteht. Zerquetschst du es, werden sie zerstört. Das Chlorophyll tritt aus und färbt Papier oder Kleidung grün.

Zum Malen ist das Chlorophyll natürlich nicht geeignet. Der Pflanzenfarbstoff hat eine ganz andere Aufgabe: Er kann das Sonnenlicht einfangen (s. Experiment 6).

2. Zwiebelzellen
Kann man Zwiebelzellen mit der Lupe sichtbar machen?

Du brauchst...
- 1 Küchenzwiebel
- 1 Messer
- 1 Brettchen
- 1 Pinzette
- 1 saubere Fensterscheibe
- 1 Lupe

So geht's:
- Halbiere die Zwiebel auf dem Brettchen und entferne ihre äußere Haut.
- Ziehe mit der Pinzette eine dünne Zwiebelhautschicht ab.
- Drücke die Zwiebelhaut an eine Fensterscheibe.
- Betrachte die Zwiebelschale mit der Lupe und achte auf ihre Farbe.

Was passiert?
Du kannst in der Zwiebelhaut einzelne Zellen erkennen, die miteinander verbunden sind und zusammen ein Gewebe bilden. Grün sind die Zellen jedoch nicht.

Warum?
Der grüne Pflanzenfarbstoff Chlorophyll ist nicht in allen Pflanzenteilen enthalten. Unterirdisch wachsende Pflanzenteile (z.B. Wurzeln, Zwiebeln) brauchen das Chlorophyll nicht, da sie unter der Erde kein Licht einfangen können.

Unter dem Lichtmikroskop betrachtet ähneln Zwiebelzellen kleinen Kissen aus dünnem, elastischem Stoff (der Zellmembran), die mit einer gelartigen Flüssigkeit (dem Zellplasma) gefüllt sind. Jedes Kissen steckt in einer Art „Schachtel" mit festen Seitenwänden, den Zellwänden der Pflanzenzelle. Gewebe entstehen aus vielen neben- und aufeinander geschichteten Schachteln (Zellen).

3. Pflanzenzellen
Was befindet sich in einer Pflanzenzelle?

So geht's:

- Schneide aus dem Papier 9 Streifen (jeweils etwa 2 cm breit und 6 cm lang).

- Wickle einen Papierstreifen um jeden Zahnstocher und klebe das Papier so aufeinander, dass eine Art Fahne entsteht.

- Lege die Schachtelhälfte (bzw. den Deckel) mit einer etwa 2 cm dicken Schicht Knete aus.

- Forme eine große Delle in die Knete.

- Forme aus Knete in unterschiedlichen Farben rundliche, eiförmige und wurstförmige Gebilde und verteile sie auf der Knetfläche in der Schachtel wie in der Abbildung gezeigt.

- Die Käseschachtel entspricht der Zellwand, die Innenseite der Schachtel der Zell-Membran. Beschrifte dementsprechend das erste Fähnchen mit „Zell-Membran" und „Zellwand".

- Beschrifte die anderen „Fähnchen" mit den übrigen 8 Begriffen, also Cytoplasma, Vakuole...

- Stecke nun die Fähnchen auf die entsprechenden, aus Knete geformten Zellbestandteile.

Was passiert?

Du hast das Modell einer Pflanzenzelle mit ihren winzigen Zellbestandteilen, die als Organellen bezeichnet werden, gebastelt. Sie erfüllen wie die Organe in unserem Körper (z.B. Lungen oder Nieren) ihre Aufgaben in der Zelle und sind bei allen Lebensvorgängen der Pflanze (z.B. Keimen, Wachsen, Blühen) beteiligt.

Betrachtet man Pflanzenzellen bei starker Vergrößerung (z.B. unter dem Elektronenmikroskop), zeigt sich, dass in ihrem Innern, in der Zellflüssigkeit (dem Plasma), winzige Teilchen schwimmen. Jeder Teil der Pflanzenzelle hat eine bestimmte Aufgabe:

1   Die Zell-Membran hält die Zelle zusammen und reguliert den Ein- und Ausstrom von Stoffen.

2   Die Zellwand festigt die Zelle und gibt ihr Stabilität.

3   Das Cytoplasma ist die Zellflüssigkeit, die größtenteils aus Wasser (80-85 %)
    und Eiweißstoffen (10-15 %) besteht.

4   Die Vakuole ist ein von einer Membran umschlossener Raum, der als Speicher- und Entgiftungsorgan
    dient und u.a. den Druck in der Zelle aufrechterhält.

5   Der Zellkern kontrolliert die Aktivität in der Zelle. In ihm befinden sich die Erbanlagen (Gene) in Form
    von Chromosomen.

6   Das Mitochondrium ist die „Kraftstation" der Zelle. Hier findet die Zellatmung mit Sauerstoff statt,
    bei der Energie freigesetzt und chemisch gespeichert wird.

7   Die Ribosomen sind die „Eiweißfabrik" der Zelle.

8   Das Endoplasmatische Reticulum besteht aus röhrenartigen Hohlräumen, die von Membranen
    begrenzt werden und für den Transport chemischer Stoffe (vor allem von Eiweißen)
    und für die Zellteilung wichtig sind.

9   Der Golgi-Apparat sortiert und transportiert Eiweißstoffe.

10 Die Chloroplasten enthalten u.a. den grünen Blattfarbstoff Chlorophyll, der das Sonnenlicht ein-
    fangen und für die Herstellung der Pflanzennahrung (Zucker) mittels Fotosynthese (s. Experiment 6)
    nutzen kann.

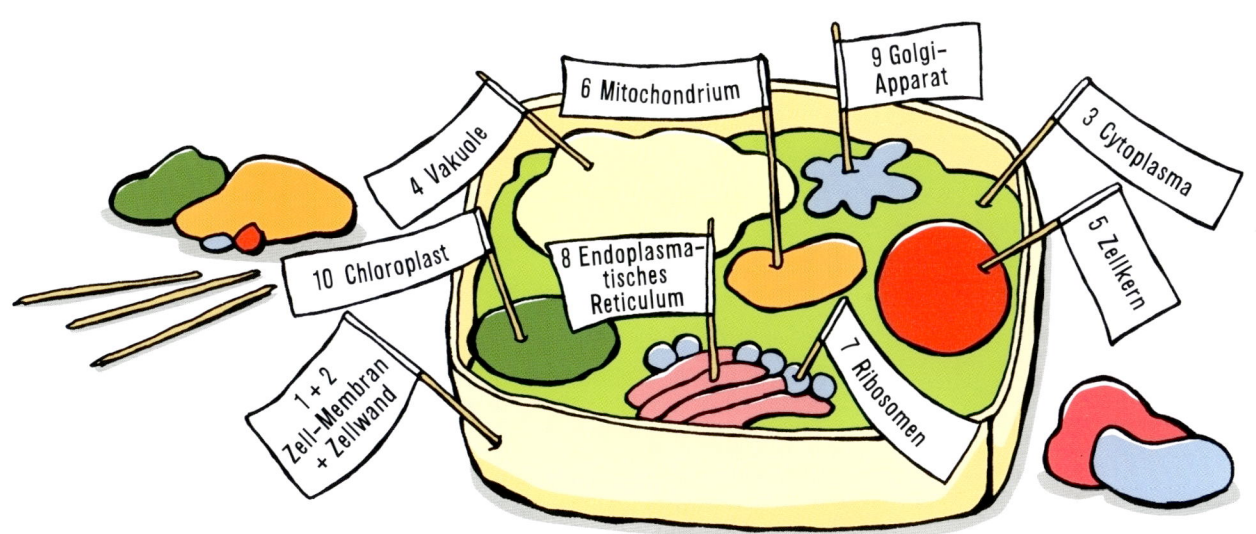

4. Grün in der Asphaltwüste
Kann Gras auch ohne Erde wachsen?

Du brauchst...

- 1/2 Teelöffel Grassamen
- 1 Blumentopf
- Wattebällchen
- 1 Tasse Leitungswasser (250 ml)
- Sprühflasche mit Wasser

So geht's:

- Fülle den Blumentopf mit Wattebällchen.
- Gieße Wasser dazu, bis die Watte ganz nass ist.
- Verteile die Grassamen einzeln auf der nassen Watte.

Was passiert?

Die Grassamen entwickeln sich zu grünen Pflänzchen, die weiter wachsen.

Warum?

Grassamen verwandeln sich in Pflanzen, wenn sie Wasser, (Sonnen)wärme und Luft zur Verfügung haben. Doch manchmal weht der Wind die kleinen Samenkörnchen an Stellen, die nicht gerade ideale Lebensräume darstellen. Daher findet man Pflanzen auch an Orten, an denen überhaupt keine Erde vorhanden ist, beispielsweise zwischen Steinen, an gepflasterten Wegen oder sogar mitten im Asphalt. Selbst dort entwickelt sich das Samenkorn zu einem Pflänzchen, wenn Wärme, Licht und Wasser in ausreichenden Mengen vorhanden sind. Damit die Pflanze jedoch auf Dauer gesund bleibt, braucht sie zusätzlich Mineralstoffe aus dem Boden (s. Experiment 6).

5. Farbloses Gras
Was wird aus Gras, wenn es kein Sonnenlicht erhält?

Du brauchst...
- Rasenfläche
- 1 Stück Karton
- 1 großer Stein

So geht's:
- Lege den Pappkarton auf den Rasen und beschwere ihn mit einem Stein.
- Entferne den Karton nach einigen Tagen.

Was passiert?
Der Rasen ist unter dem Karton hellgrün, fast weiß.

Warum?
Der Pappkarton hält die Lichtstrahlen ab, die nun nicht länger auf das Gras fallen können. Der grüne Blattfarbstoff Chlorophyll lässt sich aber nur unter Lichteinfluss bilden. Mit Hilfe des Chlorophylls kann die Pflanze durch Fotosynthese (s. Experiment 6) ihre Nahrung herstellen. Ohne Licht ist das nicht möglich. Auf Dauer kann die Pflanze also ohne Licht nicht überleben.

6. Fotosynthese
Wachsen Pflanzen mit Dünger wirklich besser?

Du brauchst...

- 2 Topfpflanzen mit Wurzeln (z.B. Fleißiges Lieschen)
- Frische Blumenerde
- Wasser
- 2 Pflanztöpfe mit Untersetzer
- 1 Schaufel
- Zeitungspapier
- Füllwatte aus dem Bastelgeschäft

So geht's:

- Lege den Tisch mit Zeitungspapier aus.

- Pflanze ein Pflänzchen in einen Topf mit frischer Blumenerde ein.

- Wasche die Wurzeln der zweiten Pflanze aus, sodass sie frei von Erde sind, und pflanze sie in einen mit Watte gefüllten Topf ein.

- Stelle beide Pflanztöpfe auf Untersetzer und an einen sonnigen Platz.

- Gieße beide Pflanzen regelmäßig und beobachte ihr Wachstum.

Was passiert?

Beide Pflanzen wachsen. Nach einigen Tagen (oder Wochen) bemerkt man jedoch, dass die Pflanze in dem mit Erde gefüllten Topf besser gedeiht als die Pflanze in der Füllwatte.

Warum?

Beide Pflanzen bekommen Licht, Wasser sowie Luft und finden Halt in den Töpfen. Die Erde ist aber nicht nur zur Verankerung der Pflanzenwurzeln wichtig. Sie liefert auch Nährsalze, die die Pflanze zum Wachsen braucht. Füllwatte enthält keine Nährsalze, deshalb leidet die Pflanze unter Mangelerscheinungen und wird krank, ähnlich wie ein Kind, das nur Süßigkeiten, aber keine Vitamine zu sich nimmt.

Menschen und Tiere müssen essen, um leben zu können. Pflanzen essen nicht, sie stellen ihre Nahrung (Zucker) durch Fotosynthese selbst her, indem sie aus einem Gas (Kohlenstoffdioxid) und Wasser mit Hilfe von Sonnenenergie Zuckerverbindungen (Traubenzucker = Glukose) herstellen. Bei diesem Vorgang wird das Gas Sauerstoff frei, das Tiere und Menschen zum Atmen brauchen.

Der selbst hergestellte Zucker allein reicht der Pflanze nicht aus, um wachsen und sich vermehren zu können. Zusätzlich benötigt sie bestimmte, lebensnotwendige Stoffe wie beispielsweise Calcium, Magnesium, Stickstoff, Mangan oder Zink, die sie - meist in Form von in Wasser gelösten Salzen - in geringen Mengen mit den Wurzeln aus der Erde aufnimmt. Fehlen diese Stoffe, kann sie die für die Fotosynthese wichtigen Zellbestandteile nicht aufbauen. Magnesium ist zum Beispiel ein Teil des Chlorophylls. Fehlt Magnesium, bleiben die Blätter gelb. Die Fotosynthese kann, obwohl die Pflanze Sonne, Kohlenstoffdioxid und Wasser zur Verfügung hat, nicht stattfinden.

Einen Teil der selbst hergestellten Zuckerverbindungen speichert die Pflanze in Form von Stärke in bestimmten Speichergeweben (z.B. in der Wurzel). Bei Bedarf (z.B. im Frühjahr, wenn die Blätter noch nicht ausgebildet sind) nutzt sie die Stärkevorräte zur Energiegewinnung. Sie baut Zuckerverbindungen ab und verbraucht dabei Sauerstoff. Diesen Vorgang nennt man biologische Oxidation oder innere Atmung. Pflanzenzellen „atmen" also auch und brauchen dazu Sauerstoff, genauso wie Mensch und Tier.

7. Zwei, die sich mögen

Vermehren sich Algen in gedüngtem Wasser wirklich besser?

Bitte hierbei einen Erwachsenen um Hilfe!

Du brauchst...

- Trinkwasser aus der Leitung
- Teichwasser (aus der Natur)
- Destilliertes Wasser (aus der Apotheke)
- Flüssiger Pflanzendünger
- 3 saubere Marmeladengläser
- 1 alter Teelöffel
- Haushaltsetiketten
- Filzstift

So geht's:

- Fülle das erste Glas mit Leitungswasser, das zweite mit destilliertem Wasser und das dritte mit Teichwasser.
- Gib sowohl in das Glas mit dem Trinkwasser als auch in das Glas mit dem destillierten Wasser jeweils einen Teelöffel Teichwasser.
- Gieße in die beiden Gläser mit dem Teich- und dem Leitungswasser jeweils einige Tropfen Flüssigdünger; das dritte Glas mit destilliertem Wasser wird nicht gedüngt.
- Beschrifte die Haushaltsetiketten und klebe sie außen auf die entsprechenden Gläser.
- Stelle nun die drei Gläser auf eine Fensterbank in das Sonnenlicht.

Was passiert?

Schon nach wenigen Tagen wird sich das gedüngte Teichwasser, später auch das gedüngte Trinkwasser grün verfärben. Auch am Rand können sich grünliche Beläge bilden. Nur das destillierte Wasser bleibt klar.

Warum?

Betrachtest du das Wasser eines Gartenteiches, so siehst du, dass es grünlich schimmert. Teichwasser enthält, für unser bloßes Auge unsichtbar, viele einzellige pflanzenartige Lebewesen: Algen, die dank des grünen Blattfarbstoffs Chlorophyll zur Fotosynthese fähig sind. Stellt man das mit Teichwasser vermischte Leitungswasser ins Sonnenlicht, kommt die Fotosynthese der Algen in Gang.

Sie wachsen, teilen sich und bilden grünliche Beläge an der Glaswand. Algen brauchen jedoch zum Aufbau bestimmter Zellbestandteile nicht nur den mit Hilfe von Sonnenlicht selbst hergestellten Traubenzucker, sondern auch Nährsalze, die im Dünger enthalten sind. Deshalb vermehren sie sich in nährstoffreichem (gedüngtem) Wasser und färben durch ihren grünen Blattfarbstoff Chlorophyll das Wasser grün. In destilliertem Wasser hingegen, das keinerlei Nährsalze enthält, gibt es kein Algenwachstum und dementsprechend auch keine Grünfärbung.

8. Fotosynthese im Wasser
Betreiben auch Wasserpflanzen Fotosynthese?

Du brauchst...
- 1 Wasserpflanze (z.B. Wasserpest, Quellmoos) aus einem Teich oder aus dem Aquarienhandel
- Wasser
- 2 leere Gläser

So geht's:

- Fülle beide Gläser mit Leitungswasser und warte ungefähr eine Stunde, bis sich das Wasser an die Zimmertemperatur angepasst hat.
- Lege in eines der Gläser die Wasserpflanze.
- Stelle beide Gläser in die Sonne (z.B. auf ein Fensterbrett) und warte 1 bis 2 Tage.

Was passiert?

Nach einer Stunde bilden sich winzige Bläschen am Rand beider Gläser. Im Glas mit der Wasserpflanze steigen zusätzliche Bläschen auf.

Warum?

An Land stellen Pflanzen mit Hilfe von Sonnenlicht, Kohlenstoffdioxid und Wasser ihre Nahrung, den Zucker, her. Dabei wird Sauerstoff frei (s. Experiment 6). Und was machen die Wasserpflanzen? Auch sie betreiben Fotosynthese, denn Wasser enthält Gase aus der Luft. Erwärmt sich das Wasser in den beiden Gläsern bei Zimmertemperatur, entweichen die Gase in Form von winzigen Luftbläschen aus dem Wasser. In dem Glas mit der Wasserpflanze bilden sich nach 1 bis 2 Tagen weitere Gasbläschen. Sie bestehen aus Sauerstoff, denn bei Wasserpflanzen findet die Fotosynthese im Wasser statt. Ihre grünen Blätter nehmen das im Wasser gelöste Kohlenstoffdioxid auf und geben Sauerstoff ins Wasser ab, wie du an den zusätzlichen Sauerstoffbläschen erkennen kannst.

9. „Sauerstoff-Fabrik"

Kann man beweisen, dass Wasserpflanzen Sauerstoff freisetzen?

Du brauchst...

- 2 Wasserpflanzen (z.B. Wasserpest, Quellmoos aus dem Aquarienhandel)
- 3 leere, saubere Marmeladengläser mit Deckel
- 3 große Nägel aus Eisen, mit Schmirgelpapier abgeschmirgelt (um Rostschutzmittel zu entfernen)
- Abgekochtes Wasser
- Natron (Natriumhydrogencarbonat, aus der Apotheke)
- 1 Messer, dünne Pappe, Tesafilm

So geht's:

- Fülle die drei Gläser mit abgekochtem und erkaltetem Wasser.
- Gib in jedes Glas jeweils eine Messerspitze Natron und einen Nagel.
- Lege in zwei der Gläser je eine Wasserpflanze.
- Wickle eines der beiden Gläser mit Pappe ein, um es vor Lichteinfall abzuschirmen.
- Verschließe die drei Gläser mit einem Deckel und stelle sie auf ein sonniges Fensterbrett.
- Warte mindestens einen Tag.

Was passiert?

In dem Glas, das eine Wasserpflanze enthält und dem Licht ausgesetzt ist, beginnt der Nagel zu rosten. In den beiden anderen Gläsern ist keine Rostbildung zu erkennen.

Warum?

Luftfeuchtigkeit und Sauerstoff bringen Gegenstände aus Eisen zum Rosten. In dem Glas, das die Pflanze enthält und dem Licht ausgesetzt ist, bilden sich Gasbläschen, die den Nagel rosten lassen.

Es handelt sich demnach um Sauerstoff. Die drei Wassergläser enthielten zu Beginn des Versuchs abgekochtes Wasser, in dem weder Sauerstoff noch Kohlenstoffdioxid aus der Luft enthalten waren, denn beide Gase entweichen beim Abkochen. Wird im abgekochten Wasser Natron gelöst, bildet sich Kohlenstoffdioxid, das die Pflanze zur Fotosynthese benötigt. Da die Fotosynthese jedoch nur bei Lichteinwirkung stattfinden kann, entsteht im abgedunkelten Glas mit Pflanze kein Sauerstoff, der Nagel rostet nicht.

10. Pflanzen im Dunkeln
Wachsen Pflanzen auch ohne Licht?

Du brauchst...
- 2 Topfpflanzen (z.B. Grünlilien)

So geht's:

- Stelle eine Topfpflanze auf eine sonnige Fensterbank, die andere in einen dunklen Raum ohne Sonnenlicht (z.B. Keller).
- Gieße beide Pflanzen regelmäßig.

Was passiert?

Beide Pflanzen wachsen, aber nur die dem Sonnenlicht ausgesetzte Pflanze entwickelt grüne Triebe. Die Blätter der in Dunkelheit gehaltenen Pflanze hingegen sind nicht grün, sondern gelb.

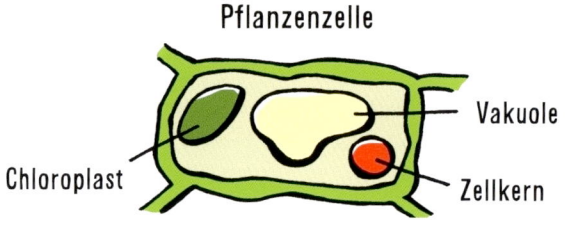

Warum?

Chlorophyll und andere für die Fotosynthese (s. Experiment 6) wichtigen Blattfarbstoffe können sich nur unter Lichteinfluss ausbilden. Eine Zeitlang wächst die Pflanze zwar noch, indem sie ihre Reserve-Nährstoffe mobilisiert und aufbraucht. Bleibt sie jedoch längere Zeit im Dunkeln, stirbt sie ab, weil sie aufgrund des fehlenden Lichtes nicht länger ihre Nahrung (Zucker) herstellen kann.

Chloroplasten sind winzige Bestandteile (Organellen) der Pflanzenzellen (s. Experiment 3), aus denen das Blatt aufgebaut ist. Sie enthalten den Fotosyntheseapparat, der aus dem grünen Blattfarbstoff Chlorophyll und zusätzlichen Pigmenten (z.B. Carotinoide, die in Rot- und Brauntönen vorkommen) besteht. Alle Pflanzenpigmente helfen dabei, Licht „einzusammeln" und in chemisch gebundene Energie zu überführen.

11. Gestreifte Blätter
Bleiben abgedeckte Blätter grün?

Du brauchst...
- 1 Zimmerpflanze mit großen Blättern
- Pflaster oder undurchsichtiges Klebeband

So geht's:
- Klebe kleine Streifen Pflaster oder Klebeband auf ein Blatt deiner Zimmerpflanze.
- Pflege sie ansonsten wie gewohnt.
- Entferne das Pflaster bzw. Klebeband vorsichtig nach einigen Tagen.

Was passiert?
An der zugeklebten Stelle hat sich das Blatt hellgrün verfärbt.

Warum?
Ist eine Pflanze dem Sonnenlicht ausgesetzt, fallen die Lichtstrahlen auf die Blüten und Blätter. Der grüne Blattfarbstoff Chlorophyll, der in den Chloroplasten der Pflanzenzelle (s. Experiment 3) steckt, fängt Teile des Lichtes ein. Da das Chlorophyll im abgedeckten Blatt jedoch nicht gebraucht wird, baut die Pflanze es ab und das Blatt verfärbt sich hellgrün. Nur mit Licht kann das Blatt Nahrung (Zucker) herstellen und daraus Chlorophyll bilden.

12. Pflanzen im Labyrinth
Wachsen auch Triebe dem Licht entgegen?

Du brauchst...
- 1 alte Kartoffel mit Trieben
- 1 Schuhkarton mit Deckel
- 1 kleines, flaches Plastikgefäß, gefüllt mit feuchter Erde
- Pappe
- Klebeband
- 1 Schere

So geht's:
- Pflanze die Kartoffel so in das mit Erde gefüllte Plastikgefäß, dass der Trieb nach oben zeigt.
- Schneide ein circa 3 cm großes Loch in eine Seite des Schuhkartons.
- Baue im Schuhkarton aus Pappe und Klebeband ein „Labyrinth", so wie in der Abbildung gezeigt.
- Stelle das Gefäß in die Ecke des Schuhkartons, die am weitesten von dem Loch entfernt ist.
- Schließe den Deckel des Schuhkartons und stelle ihn an einen sonnigen Ort.

Was passiert?

Nach einigen Tagen haben sich die weißen Triebe der Kartoffel durch das Labyrinth bis zum Loch geschlängelt. Im Tageslicht färben sich die Triebe nun grün und bilden Blätter aus.

Warum?

Pflanzen wachsen mit ihrem Spross (Jungtrieb) immer dem Licht entgegen, denn nur durch das Licht kann sich der für die Ernährung der Pflanze wichtige Fotosyntheseapparat (Chlorophyll und andere Pigmente) ausbilden. Die aus einer Kartoffelknolle sprießenden, langen dünnen Triebe nennt man Erdsprosse oder Rhizome. Und um zum Licht zu gelangen, überwindet die Pflanze so manches abenteuerliche Hindernis. Probiere es doch mal aus und baue unterschiedliche Hindernisse. Oder veranstalte eine Art „Wettrennen": Welche Pflanze schafft es schneller, ans Licht zu kommen?

13. Pfefferminz-Duft
Wo werden die Duftstoffe der Pfefferminze gebildet?

Du brauchst...
- Frische Pfefferminzblätter (Mentha piperita)
- 1 Lupe (mindestens sechs-fache Vergrößerung)

So geht's:
- Betrachte die Blätter der Pfefferminze bei sechsfacher Vergrößerung.

Was passiert?
Du erkennst am Blatt kleine gelbe Punkte.

Warum?

Die Blätter von Grünpflanzen enthalten nicht nur den grünen Blattfarbstoff Chlorophyll, sondern auch andere Stoffe. Die kleinen gelben Punkte sind die Drüsenhaare der Pfefferminzblätter, in denen das ätherische Öl, das vor allem aus Menthol besteht, gebildet wird. Wenn du ein Blatt abzupfst und an die Nase hältst, riechst du die in den Pflanzenzellen enthaltenen Aroma- und Duftstoffe.

Ätherische Öle werden aus Pflanzen gewonnen und sind verantwortlich für deren charakteristischen Duft. Da diese Öle in Wasser schwer löslich sind, schwimmen sie als einzelne Tropfen auf der Wasseroberfläche. Die in den ätherischen Ölen enthaltenen Duftstoffe verteilen sich in der Luft, werden beim Atmen in die Nase aufgenommen und als Geruch wahrgenommen.

14. Kräuter-Duft
Wieso können wir die Duftstoffe von Kräutern riechen?

Du brauchst...
- Frische Pfefferminzblätter (ersatzweise Bohnenkraut, Salbei oder andere stark duftende, frische Kräuter)
- 1 Tuch
- Mörser und Stößel

So geht's:
- Verbinde einem Freund die Augen und lasse ihn vor der Tür warten.
- Zerreibe Pfefferminzblätter (oder andere stark duftende Kräuter).
- Öffne die Tür und führe deinen Freund in den Raum.
- Bitte ihn, zu schnuppern.

Was passiert?

Dein Freund riecht etwas, auch wenn du ihm die Blätter nicht unter die Nase hältst. Vielleicht erkennt er sogar den Pfefferminzgeruch.

Warum?

Viele Küchen- und Heilkräuter, so auch die Pfefferminze, enthalten ätherische Öle. Zerreibt man die Blätter oder Blüten, so werden diese ätherischen Öle freigesetzt und sie verteilen sich in der Luft. Atmen wir diese Luft ein, so gelangen die winzigen Duftteilchen in die Nasenschleimhaut und wir können den Duft riechen.

Luft ist ein Gasgemisch, das hauptsächlich aus Sauerstoff (21%) und Stickstoff (78%) besteht. Die Teilchen (Moleküle) der Luft sind in ständiger Bewegung. Verdampft das ätherische Öl, steigen die in ihm enthaltenen Duftteilchen (Duftmoleküle) in die Luft. Luft- und Duftteilchen vermischen sich, indem die Duftteilchen in die reine Luft, und die Luftteilchen zum Duft „wandern", bis Luft- und Duftteilchen gleichmäßig verteilt sind, das heißt bis überall im Raum die gleiche Konzentration herrscht. Diesen Vorgang der Vermischung nennt man Diffusion.

15. Kupfer siegt!

Kann man das Wachstum von Algen und Bakterien in der Blumenvase hemmen?

Du brauchst...

- 2 Blumensträuße
- Leitungswasser
- 1-2 Kupfermünzen
  (z.B. 1, 2 und 5 Cent-Münzen)
- 2 Gläser

So geht's:

- Fülle beide Gläser mit Wasser.
- Gebe in eines der beiden Gläser ein bis zwei Kupfermünzen.
- Stelle in jedes Glas einen (gleichartigen) Blumenstrauß.
- Warte ab, bis die Blumen welk sind.

Was passiert?

Die Blumen im Glas mit den Kupfermünzen welken nicht so schnell wie die anderen Blumen.

Warum?

Stehen Blumen einige Tage im Wasser, so bilden sich Fäulnisbakterien und Algen. Diese stören jedoch die Aufnahme von Wasser, das nun nicht mehr so leicht den Stängel hinaufsteigen und in die Pflanzenzellen gelangen kann. Deshalb werden die Blumen schnell welk. Liegt hingegen eine Kupfermünze im Wasser, lösen sich winzige, unsichtbare Kupferteilchen ab, die schon in geringen Mengen giftig für Bakterien und Algen sind. So wird das Wachstum der Algen und Bakterien gehemmt und die Blumen bleiben länger frisch.

16. Vergleich doch mal!

Sehen alle Pflanzenstängel innen gleich aus?

Bitte hierbei einen Erwachsenen um Hilfe!

Du brauchst...

- 1 Zweig eines jungen Strauchs
- 1 Löwenzahnstängel
- 1 Margeritenstängel
- 1 Grashalm
- 1 Brettchen
- 1 Küchenmesser
- 1 Lupe

So geht's:

- Bitte einen Erwachsenen, die Stängel der Pflanzen quer durchzuschneiden.
- Betrachte die Querschnitte der Stängel mit der Lupe.

Was passiert?

Während Löwenzahn- und Grasstängel innen hohl sind, ist dies bei dem Margeritenstängel und dem Zweig nicht der Fall. Zudem ist der Zweig an einigen Stellen holzig.

Warum?

Obwohl die Stängel der vier Pflanzenarten unterschiedlich aufgebaut sind, besitzen alle sogenannte Leitgewebe mit engen Hohlräumen, durch die das Wasser aufsteigen kann. Bei den hohlen Stängeln (z.B. Grashalm, Löwenzahn) sitzen diese Gewebe in den Wänden des Stängelrohrs. Bei der Margerite füllen sie innen den gesamten Stängel aus. Bei Bäumen und Sträuchern stirbt ein Teil des Gewebes mit der Zeit ab und verholzt. Das lebende Leitgewebe wächst röhrenförmig um die inneren, abgestorbenen und verholzten Zellen.

17. Der gespaltene Stängel

Wie gelangt Wasser vom Stängel bis in die Blüten?

Du brauchst...

- 2 Blumen mit weißer Blüte (z.B. Nelke)
- Lebensmittelfarbe (z.B. Ostereierfarbe) in zwei Farben (blau und rot)
- Leitungswasser
- 2 Gläser
- Küchenmesser
- Brettchen

So geht's:

- Fülle die Gläser etwa zu drei Viertel mit Wasser.
- Gib in jedes Glas ein paar Tropfen Lebensmittelfarbe.
- Schneide die Stängel beider Blumen unten quer ab.
- Stecke eine Blume in das blau gefärbte Wasser.
- Spalte den Stängel der zweiten Blume längs in der Mitte auf und stecke eine Stängelhälfte in das rot gefärbte, die andere in das blau gefärbte Wasser.
- Warte einige Stunden.

Was passiert?

Bei der Blume im blauen Wasser färben sich die Blütenblätter blau. Bei der Blume mit dem gespaltenen Stängel ist ein Teil der Blüte blau, ein anderer rot gefärbt.

Warum?

Das gefärbte Wasser steigt in die dünnen, röhrenförmigen Leitbahnen auf und wird, da die Blütenblätter Wasser abgeben, wie von einem Sog nach oben gezogen. Das Wasser färbt die Blütenblätter, weil in ihm Farbstoffe gelöst sind, die mit aufgenommen werden. Die Blume mit dem gespaltenen Stängel nimmt in ihre Leitbahnen rot und blau gefärbtes Wasser auf, deshalb sind ihre Blüten zweifarbig.

18. Wasser „klettert" nach oben
Wie kommt das Wasser in den Pflanzenstängel?

Du brauchst...
- Wasser
- Löschpapier
- 1 Teller

So geht's:
- Rolle das Löschpapier so ein, dass eine Art Pflanzenstängel entsteht.
- Gib etwas Wasser in den Teller.
- Stecke die Löschpapierrolle in das Wasser.

Was passiert?
Das Wasser steigt an der Löschpapierrolle nach oben.

Warum?
Löschpapier besteht aus Pflanzenfasern mit winzigen Hohlräumen. Rollst du ein Blatt Löschpapier zusammen, entstehen Röhren mit Wänden aus Papier. Wasser hat die Eigenschaft, sich in engen Spalten oder Röhrchen auszubreiten. Grund dafür sind Kräfte, die zwischen den Wasserteilchen und den Teilchen der Röhrenwand wirken. Das Wasser „klettert" in die Löschpapierröhren und füllt auch die Hohlräume im Innern der Papierwände aus. Röhrchen, in denen das Wasser hochsteigt, nennt man auch Kapillare. Je enger die Kapillare sind, desto höher steigt die Flüssigkeit. Auch in den Stängeln der Pflanzen, die wie enge Röhren gebaut sind, steigt das Wasser wie in einer Kapillare hoch.

Beim „Hochklettern" des Wassers in den Pflanzenstängel sind verschiedene Kräfte beteiligt: Ist die Kohäsion (Zusammenhalt der Wasserteilchen untereinander) kleiner als die Adhäsion („Anhaftkraft" der Wassermoleküle an der festen Wand des Röhrchens), zieht Wasser in engen Räumen, Röhrchen, Spalten oder Fasern hoch.

19. Farbwechsel

Kann der Weg des Wassers sichtbar gemacht werden?

Du brauchst...

- 1 Selleriestange mit Blättern
- 1 Küchenmesser
- Rote oder blaue Lebensmittelfarbe (z.B. Ostereierfarbe)
- 1 Teelöffel
- Leitungswasser
- 1 großes Einmachglas

So geht's:

- Fülle das Glas zu einem Viertel mit Wasser.
- Gib 10 Tropfen Lebensmittelfarbe dazu und rühre um.
- Schneide das untere Ende der Selleriestange mit dem Küchenmesser ab.
- Stelle die Selleriestange mit dem unteren Ende in das gefärbte Wasser.
- Beobachte die Blätter.

Was passiert?

Die Blätter der Selleriestange verfärben sich.

Warum?

Das Wasser und somit auch der Farbstoff steigen in der Selleriestange nach oben und gelangen über die kleinen Röhren (Leitbahnen, s. Experiment 17) langsam zu den Blättern.

20. Gepunktete Selleriescheibe
Wie erkennt man die Leitbahnen der Selleriepflanze?

Du brauchst...
- 1 (verfärbte) Selleriestange aus Experiment 19
- 1 Küchenmesser
- 1 Lupe

So geht's:

- Schneide mit dem Messer ein circa 2 cm langes Stück vom unteren Teil der Selleriestange ab.
- Betrachte die Schnittstelle mit der Lupe.

Was passiert?

Je nachdem, welche Farbe du im Experiment 19 gewählt hast, siehst du am Rand des Schnitts eine Reihe von winzigen roten oder blauen Punkten (siehe Abbildung).

Warum?

Die Selleriepflanze besitzt lange, fleischige Blattstiele. Die Lebensmittelfarbe, die im Wasser gelöst ist, färbt die Wände der kleinen langen Röhren (Leitbahnen), über die das Wasser nach oben in die Blätter steigt. Im Querschnitt sehen die Röhren wie kleine Punkte aus.

21. „Wasserfäden"
Wie kommt das Wasser bis in die Baumspitzen?

Du brauchst...
- 7 Strohhalme
- Paketklebeband
- Schere
- 1 Glas Limonade

So geht's:
- Lege einen Strohhalm beiseite.
- Stecke die Enden der übrigen Strohhalme ineinander und klebe die Enden mit Paketklebeband fest, sodass ein sehr langer Riesenstrohhalm entsteht.
- Stecke den kurzen Strohhalm in das Glas mit der Limonade und sauge daran.
- Stelle das Glas auf den Boden, stecke den überlangen Strohhalm hinein und sauge noch einmal.

Was passiert?
Saugt man am kurzen Strohhalm, steigt die Limonade in dem Strohhalm hinauf bis in deinen Mund. Am langen Strohhalm hingegen musst du sehr kräftig saugen, damit die Limonade hochsteigt. Bei meterlangen Strohhalmen funktioniert es überhaupt nicht mehr.

Warum?
Beim Saugen entfernst du die Luft, die auf der Flüssigkeit lastet. Es entsteht ein sogenannter Unterdruck, der es der Flüssigkeit ermöglicht, weit in den Strohhalm aufzusteigen. Doch je höher die Flüssigkeit aufsteigen muss, desto stärker muss der Unterdruck sein und desto stärker musst du saugen. Auch im Baum gibt es einen Sog, der das Wasser von unten nach oben zieht. Die Blätter stellen diesen Sog her, indem sie über die Spaltöffnungen in den Blättern (s. Experiment 29) Wasser abgeben, das in der Luft verdunstet. Es entsteht wie im Strohhalm ein Unterdruck, der den „Wasserfaden" hochzieht. So schafft es auch ein riesengroßer Baum, das Wasser von den Wurzeln über die Leitbahnen bis in die Blätter der Zweige zu transportieren.

22. Süße Blätter
Wie kommen die Nährsalze in die Pflanze?
Bitte hierbei einen Erwachsenen um Hilfe!

Du brauchst...
- 2 frische grüne Sellerie-stangen mit Blättern
- 1 Esslöffel Zucker
- Wasser
- 2 Selbstklebeetiketten
- Wasser
- Filzstift
- 2 Gläser

So geht's:
- Klebe die Etiketten außen auf die Gläser und beschrifte sie mit den Begriffen „Wasser" und „Zucker".
- Fülle die zwei Gläser zur Hälfte mit Wasser.
- Gib in das mit „Zucker" beschriftete Glas 1 Esslöffel Zucker und rühre gut um.
- Stecke in beide Gläser eine frische Selleriestange.
- Stelle die Gläser in den Kühlschrank und lasse sie dort 48 Stunden stehen.
- Zupfe von jeder Stange ein Blatt ab und esse es. Achte auf den Geschmack.

Was passiert?
Die Blätter der Selleriestange, die in dem Zucker-wasser gestanden haben, schmecken süß.

Warum?

Der Zucker ist in gelöster Form von der Pflanze mit dem Wasser aufgenommen worden und über den Stängel bis in die Blätter gelangt. Die Pflanze stellt zwar ihre Nahrung (Zucker) selbst her, kann aber zudem mit ihren Wurzeln Stoffe, die in Wasser gelöst sind, aus der Erde aufnehmen und über den Stängel bis in die Blätter leiten.

Der Stängel (die Sprossachse) festigt die Pflanze und sorgt dafür, dass sie nicht bei jedem Windstoß umknickt. Seine wichtigste Aufgabe ist es jedoch, Wasser und darin gelöste Stoffe (z.B. Nährsalze, Zucker) zu transportieren. Wie alle Pflanzenteile besteht auch der Stängel aus spezialisierten Zellen, die an den Zellwänden miteinander verwachsen sind und zusammen ein Gewebe bilden. Außen ist der Stängel durch ein Abschlussgewebe (Epidermis) geschützt. Es folgt das Festigungsgewebe, das aus lang gestreckten Zellen mit verdickten Wänden besteht und für den Halt des Stängels, seine Dehnbarkeit und Biegsamkeit verantwortlich ist. Weiter innen im Stängel befindet sich das Leitgewebe. Es besteht aus Gefäßen, die Wasser und Nährsalze leiten, sowie aus Siebröhren, die Zucker und andere Stoffe transportieren. Diese zum Transport dienenden Gewebe sind zu Strängen, den Leitbündeln bzw. Leitungsbahnen zusammengefasst.

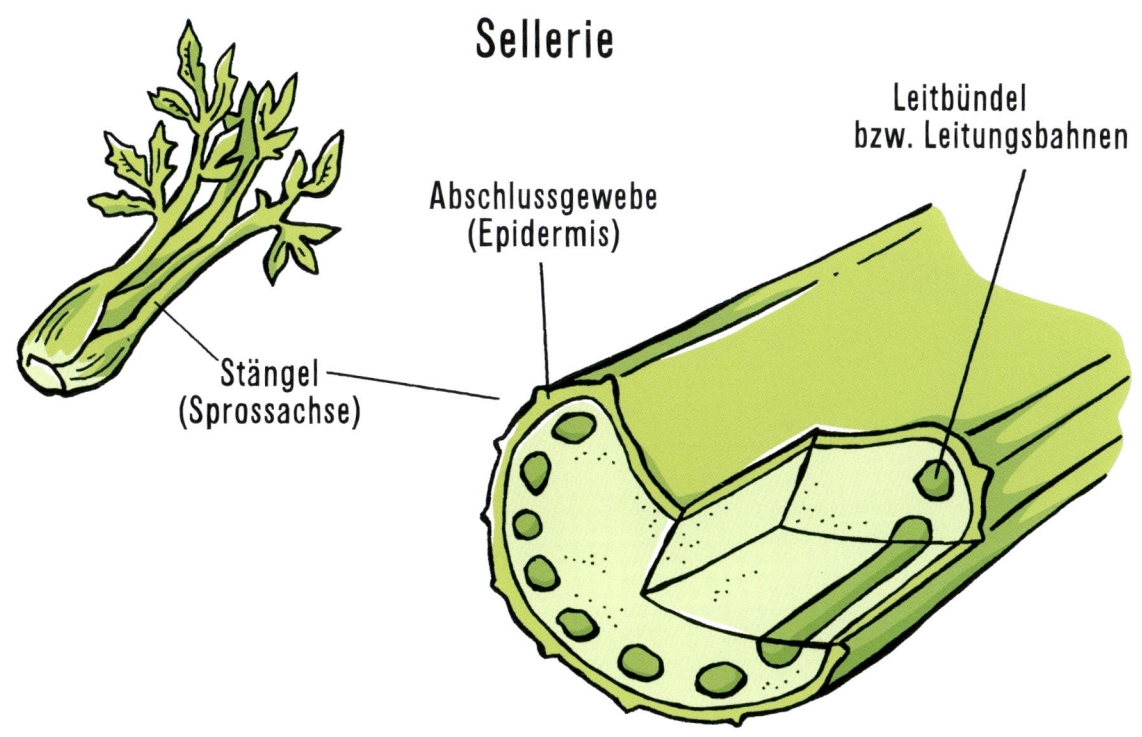

Sellerie

Abschlussgewebe (Epidermis)

Leitbündel bzw. Leitungsbahnen

Stängel (Sprossachse)

23. Schlappmacher
Nehmen Blumen auch Salzwasser auf?

So geht's:

- Fülle Wasser in die Gläser.
- Gib in jedes Glas eine Blume.
- Schütte in das zweite Glas so viel Kochsalz, dass das Salz circa 1 cm hoch den Boden des Glases bedeckt.

Was passiert?

Nach 2 bis 3 Tagen ist die Blume im Salzwasser verwelkt, während die andere noch frisch ist.

Warum?

Pflanzenzellen sind in der Lage, eine relativ große Menge an Wasser und Nährstoffen aufzunehmen. Je mehr Wasser sich in den Pflanzenzellen befindet, desto stärker ist der Druck, der auf die Zellwände wirkt. Dieser Druck wird als Turgor bezeichnet. Er lässt die Pflanze prall aussehen und gibt ihr Stabilität.

Das salzfreie Wasser in unserem Experiment steigt mit Hilfe der Kapillarkräfte (s. Experiment 18) in die Stängel und gelangt von dort aus in jede einzelne Pflanzenzelle. Deshalb sind die Blätter der Pflanze, die in dem ungesalzenen Leitungswasser steht, prall mit Wasser gefüllt. Das salzige Wasser steigt zwar auch ein Stück weit den Stängel hinauf, kann jedoch nicht in jede Pflanzenzelle eindringen. Weil in der Pflanzenzelle weniger Salze sind als in der Salzlösung, tritt sogar Wasser aus der Pflanzenzelle aus. Der Wassermangel macht die Blätter und Stängel schlaff, der Turgor (Druck) in der Pflanzenzelle nimmt ab und die Blume verwelkt.

Im Wasser, das Pflanzen aus der Erde aufnehmen, sind zwar auch Salze enthalten, jedoch nicht in solch großen Mengen wie in unserem Experiment. Kleinere Mengen von im Wasser gelösten Salzen kann die Pflanzenzelle problemlos aufnehmen.

24. Aufgerollte Stängel
Verändert sich ein Pflanzenstängel im Wasser?
Bitte hierbei einen Erwachsenen um Hilfe!

Du brauchst...
- 3 Löwenzahnstängel (ohne Blüte)
- 2 Gläser
- Wasser
- 1 Esslöffel
- Kochsalz
- 1 Küchenmesser

So geht's:
- Fülle in beide Gläser Wasser.
- Rühre in ein Glas 1 bis 2 Esslöffel Kochsalz.
- Schneide mit dem Küchenmesser einen Stängel am unteren Ende gerade ab und stecke ihn in das Glas mit dem ungesalzenen Wasser.
- Bitte einen Erwachsenen, zwei Stängel am unteren Ende 1 bis 2 cm in Längsrichtung einzuschneiden, sodass sie gespalten sind.
- Stecke jeweils einen gespaltenen Stängel in das ungesalzene Wasser, den anderen in das Salzwasser.
- Warte 15 Minuten.

Was passiert?
Der gerade abgeschnittene Stängel verändert sich nicht. Der eingeschnittene (gespaltene) Stängel im ungesalzenen Wasser rollt sich unten nach außen, im Salzwasser verändert er sich entweder überhaupt nicht oder er krümmt sich nach innen.

Eingeschnittener Stängel in ungesalzenem Wasser

Warum?

Möchtest du verstehen, warum die Löwenzahnstängel so unterschiedlich reagieren, solltest du Folgendes wissen: Der Stängel der Löwenzahnpflanze ist innen hohl und das Leitgewebe befindet sich in den Wänden, die diesen Hohlraum umgeben. Zwischen Zellwand und Zellinhalt einer Zelle liegt die Zellmembran (s. Experiment 3). Sie ist „semipermeabel", das heißt sie lässt nur ganz bestimmte Flüssigkeitsteilchen in die Zelle hinein oder aus der Zelle heraus. Für unser Experiment bedeutet dies, dass das Wasser durch diese Membran hindurch darf, das Salz hingegen nicht. Und dann existiert da noch das Gesetz der Osmose (s. Experiment 72), das besagt: Sind zwei Flüssigkeiten, in denen unterschiedlich viel Salz gelöst ist, durch solch eine semipermeable Membran getrennt, so strömt das Wasser so lange auf die Seite, auf der mehr Salze vorhanden sind, bis auf beiden Seiten der Membran die gleiche Konzentration an Salzen vorliegt.

Und nun lässt sich auch das unterschiedliche Verhalten der Löwenzahnstängel erklären:

Bei dem nicht gespaltenen Stängel im ungesalzenen Wasser drängt das Wasser in die einzelnen Pflanzenzellen, um den dortigen höheren Salzgehalt zu reduzieren. Doch da die äußeren Pflanzenzellen im Stängel fest miteinander verbunden sind, können sich die Zellen kaum ausdehnen: Der gerade abgeschnittene Stängel sieht deshalb unverändert aus. Durch das Einschneiden des Pflanzenstängels jedoch wird das Pflanzengewebe zerstört und die innen liegenden Zellen kommen somit in direkten Kontakt mit dem Wasser. Das ungesalzene Wasser drängt nun in die inneren Zellen, da die Konzentration an Salzen innerhalb der Zellen höher ist als im Wasserglas. Das Gewebe dehnt sich aus und der Pflanzenstängel rollt sich nach außen. Im gesalzenen Wasser kann man in Abhängigkeit davon, wie viel Salz sich in dem Wasserglas befindet, zwei unterschiedliche Reaktionen beobachten:

1) Ist der Salzgehalt im Stängel und im Wasser ungefähr gleich groß, verändert sich der Stängel nicht.

2) Ist der Salzgehalt im Wasser jedoch höher als in den Zellen, wird den Zellen im Stängel Wasser entzogen. Der Stängel rollt sich nach innen, weil die inneren Zellen im Stängel viel mehr Wasser abgeben als die äußeren.

Eingeschnittener Stängel
in gesalzenem Wasser

25. Blattadern
Haben auch Blätter „Wasserleitungen"?

Du brauchst...
- 1 Blatt (z.B. Tulpenblatt, Wegerichblatt, Ahornblatt)
- 1 Lupe

So geht's:
- Betrachte das Blatt mit der Lupe.
- Versuche das Blatt zu zerreißen.

Was passiert?

Du erkennst, dass das Blatt von Adern durchzogen ist. In manchen Blättern verlaufen sie parallel nebeneinander, in anderen sind sie fieder- oder netzförmig verzweigt. Zerreißt man beispielsweise ein Wegerichblatt, so erkennt man weiße feste Fäden, die beide Blatthälften miteinander verbinden.

Ahorn

Tulpe

Warum?

Der Stängel bzw. Spross einer Pflanze ist von dünnen Röhrchen, den Leitbahnen, durchzogen (s. Experiment 17). Diese Leitbündel, die röhrenförmigen Transportbahnen der Pflanzen, gibt es auch in den Blättern. Sie bestehen aus toten Zellen, deren Wände durch Einlagerung fester Stoffe verstärkt sind. Wie Spiralen legen sich die Verdickungen um die Röhre und festigen sie, damit das Wasser, das die Pflanze mit den Wurzeln aufnimmt, leichter von unten nach oben gelangen kann. Zerreißt man die Blätter, erkennt man die Leitbündel mit ihrem Festigungsgewebe und den spiralförmigen Verdickungen.

Botaniker bezeichnen diese Transportbahnen (Leitbündel) der Pflanze, die ähnlich wie Adern aussehen, als „Nerven". Bei einem parallelnervigen Blatt verlaufen diese Nerven von der Blattbasis zur Blattspitze, seitliche Verzweigungen gibt es nicht.

Ein netznerviges Blatt besteht aus einem oder mehreren Hauptnerven, von denen Seitennerven abgehen, die sich weiter verzweigen und schließlich ein feines Nervennetz bilden.

26. Schwitzende Blätter
An welchen Stellen verlieren Pflanzen Wasser?

Du brauchst...

- 1 frisch gepflückter Pflanzenstängel mit Blättern
- Wasser
- Knete
- 2 kleine, durchsichtige Wasserflaschen (je circa 0,25 l)
- 1 langer, kräftiger Nagel

So geht's:

- Rolle aus Knete einen circa 4 cm langen „Flaschenkorken", der in den Flaschenhals passt (siehe Abbildung).

- Bohre mit dem Nagel ein Loch in den Flaschenkorken aus Knete.

- Stecke den Stängel der frisch gepflückten Pflanze durch das Loch.

- Fülle eine der beiden Flaschen (nicht ganz randvoll) mit Wasser und drücke den Knetkorken mit dem Stängel in den Flaschenhals, sodass ein Teil des Korkens aus der Flasche ragt und gleichzeitig der Pflanzenstängel im Wasser steckt.

- Trockne den oben aus dem Korken ragenden Stängel und die daran sitzenden Blätter sorgfältig mit Küchenpapier ab.

- Stecke die zweite, leere Flasche vorsichtig mit dem Hals nach unten über die mit Wasser gefüllte Flasche (siehe Abbildung).

Was passiert?

Nach ungefähr einer Stunde haben sich in der oberen, leeren Flasche kleine Dunsttröpfchen gebildet, die sich innen am Glas absetzen.

Warum?

Die Blätter der Pflanzen haben Wasser abgegeben, das verdunstet. Da das Wasser nicht in die Luft entweichen kann, setzt es sich am kalten Flaschenrand ab, es kondensiert.

27. Wasserverbrauch
Wie viel Wasser verbrauchen Schnittpflanzen?

Du brauchst...

- Kleiner Zweig einer Pflanze (mehr als 5 Blätter, Stängel: 15 cm oder länger)
- Speiseöl
- Wasser
- Klebeband
- 1 hohes schmales Glas
- 1 Lineal
- 1 Filzstift

So geht's:

- Klebe das Klebeband außen senkrecht auf das Glas.
- Fülle das Glas zu drei Viertel mit Wasser.
- Stelle den Zweig ins Wasser.
- Gieße Speiseöl ins Wasser, sodass sich eine circa 6 cm dicke Ölschicht bildet.
- Markiere mit dem Filzstift die Höhe des Wasserspiegels.
- Stelle das Glas auf ein sonniges Fensterbrett.
- Markiere eine Woche lang den Wasserstand, und zwar täglich.

Was passiert?

Der Wasserspiegel sinkt Tag für Tag ein bisschen mehr, obwohl das Wasser wegen der Ölschicht nicht verdunsten kann.

Warum?

Die Pflanze nimmt über den Stängel Wasser auf, das sich in den Blättern verteilt. Der Wasserspiegel im Glas sinkt, weil die Blätter über winzige Öffnungen (Spaltöffnungen, s. Experiment 29) Wasserdampf an die Luft abgeben. Diesen Vorgang nennt man Transpiration.

Pflanzen benötigen zum Leben erheblich mehr Wasser als beispielsweise Tiere, denn ohne Wasser kann die Fotosynthese nicht erfolgreich ablaufen. Mehr als 90% des von den Pflanzenwurzeln aufgenommenen Wassers wird bei der Transpiration als Wasserdampf wieder an die Atmosphäre abgegeben.

28. Eingeölt
Kann man nachweisen, dass die Blätter einer Pflanze Wasser abgeben?

Du brauchst...
- 2 Tradeskantienstängel
- Vaseline (Fettcreme)
- Speiseöl
- Leitungswasser
- 2 kleine leere Glasflaschen (0,25 l) oder Reagenzgläser
- Wasserfester Filzstift

So geht's:
- Fülle die beiden Flaschen mit Leitungswasser.
- Fette die Blätter eines Stängels an der Ober- und Unterseite gründlich mit Vaseline ein.
- Stelle beide Stängel in jeweils eine Flasche und füge einige Tropfen Speiseöl hinzu, sodass sich auf der Wasseroberfläche eine dünne Ölschicht bildet und das Wasser nicht mehr verdunsten kann.
- Markiere den Wasserspiegel an beiden Flaschen (vgl. Abbildung).
- Beobachte die Pflanzen und den Wasserstand eine Woche lang.

Was passiert?
Der Wasserspiegel in dem Glas mit dem unbehandelten Tradeskantienstängel liegt deutlich unterhalb der Markierung.

Warum?
Pflanzen nehmen mit ihren Wurzeln große Mengen an Wasser auf. Durch die Kapillarkräfte (s. Experiment 18) steigt dieses Wasser in den dünnen Röhrchen (Leitbahnen) im Stängel der Pflanze auf, tritt durch die Poren der Blätter aus und verdunstet, wodurch der Wasserspiegel sinkt. In den mit Vaseline behandelten Blättern jedoch konnte das Wasser nicht verdunsten. Daher ist der Wasserspiegel hier nicht gesunken.

Die Wasserabgabe über die Blätter wird als Transpiration bezeichnet. Sie bildet einen Sog, der das von den Wurzeln aufgenommene und in den Leitbahnen aufgestiegene Wasser nach oben nachzieht. Dieser Transpirationssog versorgt Spross, Blätter und Blüten mit Wasser und darin gelösten Mineralsalzen.

29. Blatt-Transpiration
Geben die Blätter auf der Ober- oder auf der Unterseite Wasser ab?

Du brauchst...

- 2 Tradeskantienstängel
- Vaseline (Fettcreme)
- Speiseöl
- Leitungswasser
- 2 kleine leere Glasflaschen (0,25l) oder Reagenzgläser
- Wasserfester Filzstift

So geht's:

- Fülle die beiden Gläser mit Leitungswasser.
- Fette die Blätter eines Stängels nur an der Oberseite, die des anderen nur an der Unterseite gründlich mit Vaseline ein.
- Stelle beide Stängel in jeweils ein Glas und füge einige Tropfen Speiseöl hinzu.
- Markiere den Wasserspiegel an beiden Gläsern.
- Beobachte die Pflanzen und den Wasserstand eine Woche lang.

Was passiert?

Der Wasserspiegel sinkt nur in dem Glas, wo die Blattoberseite der Pflanze behandelt wurde.

Warum?

Blätter, Sprossen und Wurzeln sind an ihrer Oberfläche von einer Zellschicht, der Epidermis, bedeckt. Sie schützt vor Verdunstung und Krankheitserregern. An der Unterseite des Blattes befinden sich kleine Poren, die als Spaltöffnungen bezeichnet werden. Hierdurch kann die Pflanze einerseits Wasserdampf und Sauerstoff abgeben, andererseits das für die Fotosynthese wichtige Gas Kohlenstoffdioxid aus der Luft aufnehmen. Eine Spaltöffnung besteht im einfachsten Fall aus zwei Schließzellen, zwischen denen ein Spalt frei bleibt.

Werden diese kleinen Poren an der Blattunterseite mit Vaseline eingeschmiert, so kann keine Transpiration mehr stattfinden: Der Wasserspiegel verändert sich nicht.

30. Blumenpracht
Aus welchen Teilen bestehen Blumen?

Du brauchst...
- Blumen mit Wurzeln
- Wasser
- Papier
- Stifte

So geht's:
- Wasche die Wurzeln zu Hause mit Wasser ab, damit sie frei von Erde sind.
- Lege die Blumen nebeneinander auf den Tisch.
- Male die Blumen ab.

Was passiert?

Du erkennst bei allen Blumen deutlich Spross, Blätter, Blüten und Wurzeln.

Warum?

Blumen sind krautige, das heißt nicht verholzende Pflanzen, die sich in vier Teile untergliedern lassen: Wurzel, Blätter, Spross und Blüte.

Die Wurzel verankert die Pflanze im Boden und nimmt aus der Erde Wasser und Nährsalze auf. Die Blätter enthalten den grünen Blattfarbstoff Chlorophyll und stellen durch Fotosynthese die Nahrung der Pflanze her (s. Experiment 6).

Die Blüte enthält die Fortpflanzungsorgane der Blume mit den Samenanlagen.

Der Spross (Stängel) einer Pflanze hat die Aufgabe, sie zu stützen sowie Wasser und Nährstoffe zu transportieren. In speziellen Pflanzengeweben, dem Xylem, wird das von den Wurzeln aufgenommene Wasser mit den darin gelösten Nährsalzen zu den Blättern transportiert. Der in den Blättern bei der Fotosynthese gebildete Traubenzucker wird über das Phloem der Sprossachse an die Verbrauchsorte, d.h. in die wachsenden Blätter, Stängel, Wurzeln, Blüten, Samen und Früchte geleitet. Der nicht sofort zur Energiegewinnung gebrauchte Zucker wird in Wurzeln, Samen und Früchten gespeichert.

31. Blütenvergleich
Wie viele Blüten hat ein Gänseblümchen?

Du brauchst...
- 1 Gänseblümchen
- 1 Lupe

So geht's:

- Halbiere den Blütenkopf mit der Hand.
- Zerlege die Blüte in ihre Einzelteile und betrachte sie mit der Lupe.

Was passiert?

Du erkennst, dass das Gänseblümchen nicht nur aus einer Blüte besteht.

Warum?

Setzt sich eine Blume aus mehreren Blüten zusammen, so wird sie als Scheinblüte bezeichnet. Auch die „Blüte" des Gänseblümchens ist eine Scheinblüte, da sie aus mehr als 100 Einzelblüten besteht, die zusammen einen körbchenförmigen Blütenstand bilden. In der Mitte der Scheinblüte stehen die gelben Röhrenblüten, außen herum wachsen die weißen Zungenblüten, die Insekten anlocken. Die gelben Röhrenblüten bilden, wenn sie befruchtet sind, Samen. Stehen Einzelblüten so zusammen,

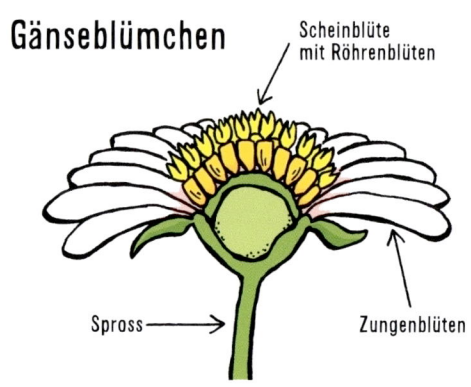

Gänseblümchen — Scheinblüte mit Röhrenblüten

Spross →   Zungenblüten

dass sie wie eine einzige Blüte aussehen, so spricht man von einem Blütenstand. Gänseblümchen oder Margerite bilden ein Körbchen, weitere Blütenstände in der Botanik sind Traube, Rispe, Ähre, Kolben, Kätzchen, Zapfen oder Dolde.

32. Kätzchen, die du pflücken kannst

Woraus bestehen Kätzchen?

Du brauchst...

- Weiden (oder Pappeln, Haselnusssträucher, Erlen) mit Kätzchen
- 1 Lupe
- Papier
- Stifte

So geht's:

- Brich einen kleinen Zweig ab, an dem sich Blüten (Kätzchen) befinden.
- Betrachte die Kätzchen mit der Lupe.
- Versuche die Blüten zu zeichnen.

Was passiert?

Weiden und einige andere Gehölze haben keine bunten Blüten, sondern Kätzchen. Die Kätzchen sehen wie kleine, hängende „Würstchen" aus, ganz anders als die Blüten von Anemonen, Tulpen oder Narzissen. Mit der Lupe erkennt man kleine Einzelblüten.

Warum?

Kätzchen sind Blütenstände aus mehreren kleinen, unscheinbaren Einzelblüten. Werden sie im Frühjahr von Bienen befruchtet, entwickeln sich daraus Kapselfrüchte, die bei der Reifung austrocknen, aufplatzen und Samen freisetzen. In der feuchten Erde keimen die Samen später aus und es entwickeln sich daraus junge Pflänzchen. Weiden können sich aber nicht nur über Samen, sondern auch vegetativ (ungeschlechtlich) vermehren, denn ein abgebrochener Zweig entwickelt in nasser Erde Wurzeln und kann zu einem Baum heranwachsen.

Männliches Kätzchen   Weibliches Kätzchen

33. Zweihäusig
Sehen alle Weidenkätzchen gleich aus?

Du brauchst...
- Weidenkätzchen der Salweide (Salix caprea)
- Papier
- Stifte
- 1 Lupe

So geht's:
- Untersuche die Zweige mehrerer Salweiden.
- Nimm einzelne Kätzchen mit nach Hause.
- Betrachte sie mit der Lupe.
- Vergleiche die Kätzchen miteinander und zeichne sie.

Was passiert?

Während die Blätter der Salweide an jedem Baum gleich aussehen, unterscheiden sich die Kätzchen in Form und Farbe. Einige sind dick und eiförmig, andere eher würstchenartig. Manche sind samtig und silberfarbig, andere gelblich oder grün.

Warum?

Die Salweide zählt wie fast alle Weidenarten zu den zweihäusigen, getrenntgeschlechtlichen Pflanzen. Dies bedeutet, dass sich an einem Weidenbaum entweder nur weibliche oder ausschließlich männliche Blüten entwickeln. Die ovalen männlichen Kätzchen enthalten gelbe Staubbeutel. Die weiblichen Kätzchen sind grünlich und würstchenförmig. Ihre kleinen Einzelblüten enthalten silbrig behaarte

Kätzchen einer Salweide

junges Kätzchen

männliches Kätzchen

weibliches Kätzchen

Fruchtknoten. Sowohl männliche als auch weibliche Weidenkätzchen enthalten am Grund jeder Einzelblüte zwei Nektardrüsen. Junge Weidenkätzchen fühlen sich wie Samt an, wenn man mit dem Finger darüber streicht. Da sie sich bereits im März und April entwickeln, stellen sie eine wichtige Nahrungsquelle für Bienen und andere Insekten dar.

34. Hitzeschutz
Wie schützen sich die Blätter immergrüner Pflanzen vor dem Austrocknen?

Du brauchst...
- Blatt eines Laubgehölzes (z.B. Buche, Linde, Ahorn)
- Buchsbaumblatt (Buxus sempervirens)
- Efeublatt
- Lorbeerblatt

So geht's:
- Betrachte die Blätter der vier Pflanzenarten und befühle sie.

Was passiert?

Du merkst, dass sich das Efeu- und Buchsbaumblatt glatter und härter anfühlen als das Blatt einer Buche oder Linde. Besonders hart fühlt sich das Lorbeerblatt an.

Warum?

Als Hitzeschutz haben immergrüne Blätter wie Efeu-, Buchsbaum- oder Lorbeerblatt im Unterschied zu einem Buchen- oder Lindenblatt eine sehr dicke Außenhaut (Epidermis, Cuticula) mit einem Überzug aus Wachs. Die Spaltöffnungen (Poren) sind tief in die Epidermis eingesenkt.

Lorbeerblätter, die man auch als Gewürz nutzen kann, stammen vom Lorbeer, einem Laubgehölz, das im Mittelmeerraum wächst. Seine Blätter haben eine extrem dicke Epidermis, die sich hart anfühlt und besonders gut vor der Austrocknung im heißen Sommer schützt.

35. Tulpen
Welche Blütenteile enthalten Blütenstaub?

Du brauchst...
- 1 Tulpenblüte
- 1 Lupe

So geht's:

- Zerlege die Blüte in ihre einzelnen Bestandteile und betrachte sie mit der Lupe.
- Vergleiche die Blütenteile mit der Zeichnung.
- Fasse an die Spitze der Staubblätter.

Was passiert?

Du erkennst Kelch- und Kronblätter, den Blütenboden, Fruchtknoten, Griffel und Staubblätter. Fasst man die Staubblätter an, bleibt etwas Bräunlich-Gelbes am Finger hängen.

Warum?

Am Staubblatt befindet sich der Blütenstaub. Blüten dienen der Fortpflanzung. Sie bestehen aus Kelch- und Kronblättern, die kreisförmig um den Blütenboden angeordnet sind. Der Fruchtknoten in der Mitte mit Narbe und Griffel ist das weibliche Fortpflanzungsorgan, das Samenanlagen mit Eizellen enthält. Als männliche Fortpflanzungsorgane dienen die Staubblätter mit Staubbeutel und Staubfaden. Der Blütenstaub (Pollen) wird durch Wind, Wasser oder Tiere (z.B. Bienen oder andere Insekten) verbreitet. Vor allem Bienen lassen sich in der Blüte nieder und sammeln Nektar (Blütensaft). Dabei bleibt Blütenstaub (Pollen) an ihrem Pelzchen hängen. Fliegen sie auf eine andere Blüte (derselben Art), gelangt der Blütenstaub der ersten Blüte auf den Griffel einer zweiten, die damit bestäubt wird. Die Bestäubung ist eine wichtige Voraussetzung für die Befruchtung.

Bei der Bestäubung der Angiospermen (Bedecktsamer, s. Experiment 47) wird Blütenstaub von den Staubblättern auf die Narbe einer anderen Blüte übertragen. Der Blütenstaub besteht aus einzelnen Pollenkörnern. Nachdem ein Pollenkorn auf der Narbe gelandet ist, bildet es durch Zellteilung zwei männliche Keimzellen aus. Gleichzeitig entsteht innerhalb des Griffels ein Pollenschlauch, der zu der im Fruchtknoten enthaltenen Samenanlage wächst. Die beiden männlichen Keimzellen wandern durch den Pollenschlauch in die Samenanlage.

Bei der Befruchtung verschmilzt eine in der Samenanlage befindliche Eizelle mit einer männlichen Keimzelle zu einer Zygote (befruchtete Eizelle). Aus der Zygote entwickelt sich ein Embryo. Die andere männliche Keimzelle bildet einen Embryosackkern, aus dem das Endosperm, das heißt die Nahrungsreserve des Embryos, gebildet wird.

Aus einer bestäubten und befruchteten Blüte kann sich eine Frucht entwickeln, die Samen enthält. Ein Samen besteht aus einem Pflanzenembryo, einem Nahrungsspeicher (Endosperm) und einer Samenschale. Der Nahrungsspeicher kann in Form von einem oder zwei Keimblättern (s. Experiment 85) angelegt sein. Die Samen können in feuchter Erde auskeimen und zu einer Pflanze heranwachsen.

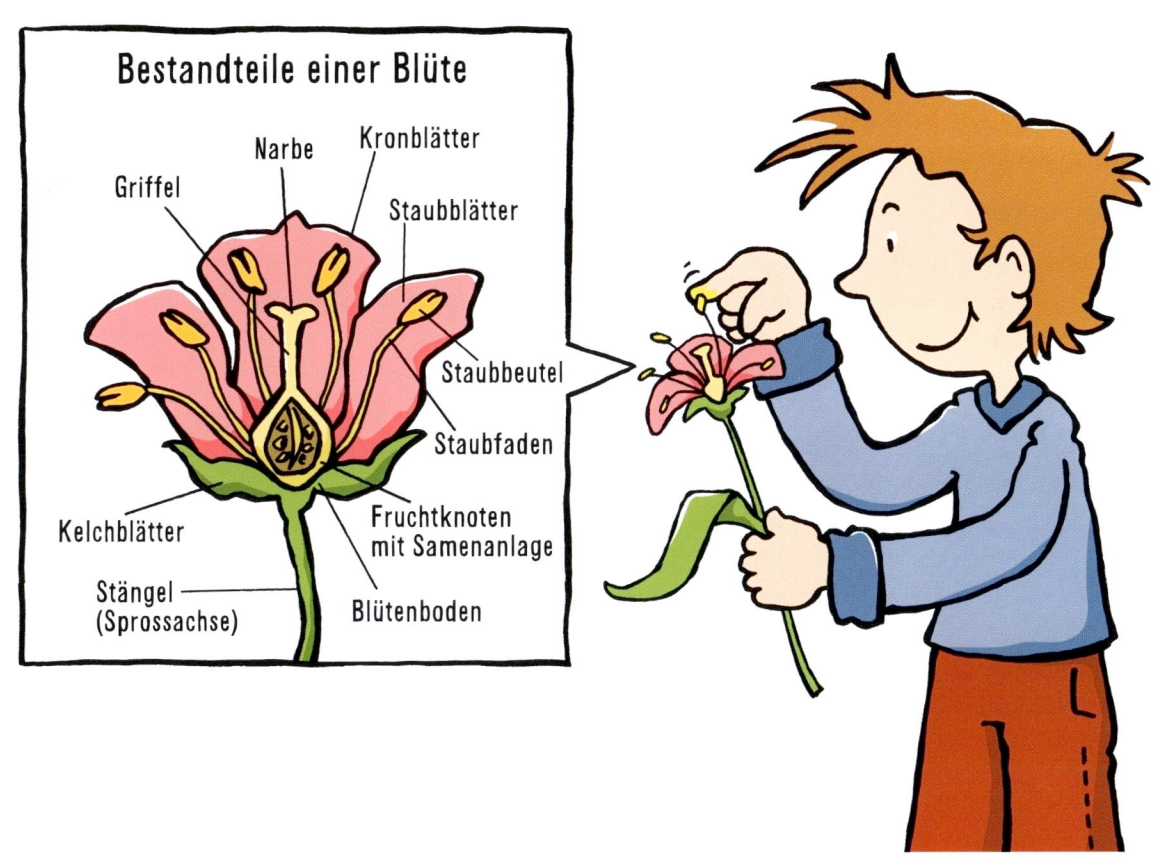

Bestandteile einer Blüte

- Griffel
- Narbe
- Kronblätter
- Staubblätter
- Staubbeutel
- Staubfaden
- Kelchblätter
- Fruchtknoten mit Samenanlage
- Stängel (Sprossachse)
- Blütenboden

36. Lotus-Effekt
Wie schützen sich Pflanzen vor Nässe?

Du brauchst...
- 1 Salatblatt
- 1 Tulpenblatt
- Paprikapulver
- Speiseöl
- Wasser
- 1 Schüssel
- 1 Glas
- 1 Wattestäbchen

So geht's:

- Fülle eine Schüssel mit Wasser.
- Stelle das Glas mit der Öffnung nach unten auf den Tisch.
- Verreibe auf einer Hälfte des Glasbodens einen Tropfen Speiseöl, die andere Hälfte muss ölfrei bleiben!
- Mache ein Wattestäbchen tropfnass und setze jeweils einen Wassertropfen auf die ölfreie und auf die ölbeschmierte Stelle.
- Beobachte die beiden Wassertropfen.
- Bestreue das Salatblatt und das Tulpenblatt mit Paprikapulver.
- Benetze deinen Finger mit Wasser aus der Schüssel und lasse einige Tropfen auf die beiden mit Paprika bestreuten Blätter fallen.

Was passiert?

Der Wassertropfen auf der ölfreien Stelle des Glases dehnt sich flach aus. Auf der ölbeschmierten Stelle sieht der Wassertropfen ballförmig aufgewölbt aus. Auf dem Salatblatt ist der Tropfen flach. Das Paprikapulver mischt sich mit dem Wassertropfen und bildet einen rötlichen Belag. Das Tulpenblatt hingegen bleibt trocken, denn die Wassertropfen rinnen wie Perlen von ihm ab, wenn man es schüttelt. Die „Wasserperlen" sammeln das Paprikapulver auf und entfernen es vom Blatt.

Warum?

Breitet sich Wasser auf einem Material wie beispielsweise dem Salatblatt flächig aus, kann es die Oberfläche benetzen. Wie stark es das Material durchdringt und nass macht, hängt von der Adhäsion („Anhaftkraft") zwischen den Molekülen der Oberfläche (z.B. Glas, Salatblatt) und den Wassermolekülen ab. Auf einer öligen Oberfläche behält der Wassertropfen seine halbrunde Form, er perlt sozusagen ab, weil die Kohäsion („Zusammenhaftkraft") der Wassermoleküle untereinander größer ist als die Adhäsion an die ölige Oberfläche.

In der Natur gibt es Blüten und Blätter von Pflanzen (z.B. Lotuspflanze, Tulpe), von denen das Wasser abperlt wie auf einem Regenschirm. Es haftet nicht an der Blattoberfläche und kann sie deshalb auch nicht benetzen (nass machen). Diese Erscheinung nennt man Lotus-Effekt. Mit Hilfe dieses Effektes halten Pflanzen ihre Blätter sauber und trocken. Die Wachsschicht auf dem Blatt hindert das Wasser daran, sich an der Blattoberfläche festzuhalten. Der Tropfen rollt über das Blatt, sammelt das Paprikapulver (oder andere Schmutz- und Staubteilchen) ein und entfernt sie.

Der Lotus-Effekt ist benannt nach der asiatischen Lotusblume, die als Symbol der Reinheit gilt.

ohne Öl   mit Öl

37. Stachelige Blätter
Haben auch Kakteen Blätter?

Du brauchst...
- 1 Kaktus
- 1 Lupe

So geht's:
- Betrachte den Kaktus mit der Lupe.

Was passiert?

Du kannst sehen, dass der grüne Kaktus Stacheln hat. Blätter oder einen Stängel scheint er nicht zu besitzen.

Warum?

Sukkulenten und Kakteen sind Pflanzen, die an das Leben in trockenen Gebieten mit Wassermangel angepasst sind und in verschiedenen Pflanzenteilen Wasser speichern können.

Bei den Blattsukkulenten (z.B. Aloe vera) sind die Blätter dick und fleischig. Eine dicke Epidermis (Außenhaut) schützt vor Wasserverlust. Kakteen speichern Wasser in ihrer verdickten, oft kugelförmigen Sprossachse (Stängel). Die Blätter der Kakteen fehlen meist ganz oder sind zu Dornen mit kleiner Oberfläche umgewandelt. Das schützt vor Austrocknung, denn die Transpiration (Wasserabgabe und Verdunstung) ist dadurch eingeschränkt.

Sukkulenten und Kakteen sind besonders geeignet zur vegetativen Vermehrung, worunter man die Vermehrung von Pflanzen durch Pflanzenteile wie beispielsweise Ableger versteht. Einfach kleine Seitentriebe abtrennen und 1 cm tief in leicht angefeuchtete, sandige Kakteenerde stecken. Am besten kleine Blumentöpfe verwenden und einen Gefrierbeutel überstülpen.

Sukkulente   Kaktus

38. Blaues Vergissmeinnicht
Können Blüten ihre Farbe verändern?

Du brauchst...
- Frische blaue Blüten von Vergissmeinnicht, Glockenblumen oder Usambaraveilchen
- Essigessenz (klar) oder Zitronensaft
- Warmes Leitungswasser
- Waschpulver
- 1 Teelöffel
- 2 Schälchen
- 1 Esslöffel

So geht's:
- Löse 1 Teelöffel Waschpulver in einem Schälchen mit warmem Wasser auf.
- Fülle 3 Esslöffel Essigessenz oder Zitronensaft in das andere Schälchen.
- Lege die blauen Blüten in die Essigessenz oder den Zitronensaft.
- Warte einige Minuten.
- Hole nun einen Teil der Blüten wieder heraus und lege sie in die Waschlauge.

Was passiert?

In Essig oder Zitronensaft verfärben sich die blauen Blüten rosa. In der Waschlauge werden die rosa verfärbten Blüten wieder blau.

Warum?

Die Blüten enthalten einen Farbstoff, das Anthocyan. Dieser verfärbt sich, wenn sich der Säuregehalt der Flüssigkeit verändert. Wie du in dem Experiment siehst, färbt sich der Pflanzenfarbstoff in sauren Flüssigkeiten wie Essig oder Zitronensaft rot, in alkalischen, seifigen Flüssigkeiten blau.

Anthocyane findest du nicht nur in Blüten, sondern auch in Früchten (Kirschen, Heidelbeeren) oder in Blättern (z.B. Rotkohl). Und wusstest du, dass Rotkohl in manchen Regionen auch als Blaukraut bezeichnet wird? Du errätst bestimmt, warum: In alkalischen Böden erhält der Kohl eine eher bläuliche Farbe, in sauren Böden färben sich die Blätter hingegen rötlich.

39. Schwarz-gelbes Stiefmütterchen
Enthalten auch die schwarzen Flecken Farbstoffe?

Du brauchst...
- 1 gelbes Stiefmütterchen (Viola wittrockiana)
- Essigessenz
- 1 Glas

So geht's:
- Fülle etwas Essigessenz in das Glas.
- Lege das gelbe Stiefmütterchen in das Glas.
- Warte einige Minuten und beobachte die Farbe der Blüte.

Was passiert?
Der schwarze Fleck, der sich in der gelben Blüte befindet, wird rötlich.

Warum?
Blüten und Früchte, die gelb gefärbt sind, enthalten andere Farbstoffe als blaue oder violette Blüten. Manche Blütenblätter haben eine bestimmte Grundfarbe und sind zusätzlich schwarz oder rot gefleckt.

Die Gelbfärbung der Blütenblätter wird durch Farbstoffe, die als Carotinoide bezeichnet werden, hervorgerufen. Der schwarze Fleck jedoch enthält neben den Carotinoiden zusätzlich Anthocyane (s. Experiment 38), die sich rot verfärben, wenn sie mit Säure in Berührung kommen. Carotinoide sind natürliche Pflanzenfarbstoffe, die eine gelbe bis rötliche Färbung verursachen. Sie kommen in Früchten, Blättern, Blüten und Wurzeln vor und können auch in die Zellen von Tieren und Menschen gelangen, wenn sie mit der Nahrung aufgenommen werden. Wenn du eine Karotte isst, nimmst du ein Carotin, das Provitamin A, auf, das sehr gesund ist. In den Blättern und Blüten schützen Carotinoide vor zu starkem Sonnenlicht und helfen mit bei der Fotosynthese (s. Experiment 6).

40. Rotkohl
Kann man den roten Farbstoff aus Rotkohlblättern wieder herausholen?
Bitte hierbei einen Erwachsenen um Hilfe!

Du brauchst...
- Rotkohlblätter, zerkleinert
- Leitungswasser
- 1 Topf
- Herdplatte

So geht's:

- Bitte einen Erwachsenen, die Rotkohlblätter in einem Topf mit Wasser einige Minuten lang zu kochen.

Was passiert?

Das Wasser färbt sich rot.

Warum?

Die Blattzellen der Rotkohlblätter enthalten rote Pflanzenfarbstoffe (Anthocyane), denen die Pflanze ihren Namen verdankt. Während des Kochens werden die winzigen Zellen der Rotkohlblätter zerstört, die Farbstoffe gelangen ins Wasser und färben es rot. Rotkohl ist eine krautige Nutzpflanze aus der Familie der Kreuzblütler, die (wie alle Kohlarten) ursprünglich vom Wildkohl abstammt. Die gelbe Blüte des Kohls mit vier Kelch- und Kronblättern, die kreuzförmig angeordnet sind, erscheint erst im zweiten Jahr.

Rotkohl

41. Mal rot, mal grün, mal blau
Kann sich Rotkohlsaft verfärben?

Du brauchst...

- Rotkohlsaft aus Experiment 40 (abgekühlt und gesiebt)
- Essigessenz (oder Zitronen- saft)
- Mineralwasser mit viel Kohlensäure
- Leitungswasser
- Backpulver (Natron)
- 1 kleiner Messbecher
- 5 Gläser
- Papier
- 1 Schere
- 1 Filzstift
- 1 Esslöffel

So geht's:

- Gieße 200 ml Essigessenz in ein Glas.
- Fülle in drei weitere Gläser jeweils 200 ml Leitungswasser.
- Löse im ersten der drei Wassergläser 2 Esslöffel Backpulver auf und rühre um.
- Gieße in das zweite Wasserglas 2 Esslöffel (circa 20 ml) Essigessenz, in das dritte Wasserglas ½ Esslöffel (circa 5 ml) Essigessenz.
- Gieße in das fünfte Glas 200 ml kohlensäurehaltiges Mineralwasser.
- Schneide Papierstreifen aus, beschrifte sie gemäß der nebenstehenden Abbildung, falte sie und stelle sie neben die entsprechenden Gläser.
- Füge zu jeder Flüssigkeit im Glas mit dem Löffel etwa 20 ml Rotkohlsaft hinzu, bis eine deutliche Färbung zu erkennen ist, und rühre um.

Was passiert?

In der Essigessenz verfärbt sich der Rotkohlsaft leuchtend rot, in der Natronlauge (Backpulver) türkisblau. Im Mineralwasser ist er zuerst rötlich, dann blau.

Warum?

Der Farbstoff (Anthocyan) des Rotkohls ist selbst eine Säure, die ihre Farbe verändert, wenn sie in saure Flüssigkeiten (Zitronensaft, Essig) oder in alkalische Lösungen (Natron, Seifenlauge, Waschmittellauge) gelangt. In sauren Flüssigkeiten sind die Anthocyane rot, in neutralen Lösungen (z.B. Leitungswasser) blau-violett, in alkalischen Lösungen blau bis türkis-grün. Das Türkis entsteht durch die blauen Anthocyane und weitere im Rotkohl enthaltene Farbstoffe (Flavone), die in alkalischen Flüssigkeiten gelb sind. Im Mineralwasser nimmt der Säuregehalt ab, wenn die Gasbläschen entweichen. Deshalb verfärbt sich der zunächst rötliche Saft später blau.

Wächst der Rotkohl auf sauren Böden, sehen seine anthocyanhaltigen Blätter rot aus, in alkalischen Böden bläulich. Deshalb heißt der Rotkohl in manchen Gegenden Rotkraut, in anderen dagegen Blaukohl oder Blaukraut.

42. Rotblättchen

Enthalten rote Blätter wirklich kein Chlorophyll?

Bitte hierbei einen Erwachsenen um Hilfe!

Du brauchst...
- Blätter von einem rotlaubigen Japanischen Fächer-Ahorn (Acer palmatum atropurpureum)
- Leitungswasser
- Sonnenblumenöl
- 1 Mörser und Stößel
- 1 Topf
- Herdplatte
- 1 Sieb
- 1 Glas
- 1 Esslöffel

So geht's:

- Zerkleinere die Blätter, zerreibe sie in einem Mörser und gebe sie in einen Topf.
- Gieße Leitungswasser dazu, sodass die zerriebenen Blätter gut bedeckt sind.
- Bitte einen Erwachsenen, die Blätter einige Minuten lang zu kochen.
- Fülle den abgekochten und abgekühlten Sud durch ein Sieb in ein Glas.
- Rühre einige Esslöffel Öl in den Sud ein.

Was passiert?

Der Sud ist rötlich gefärbt. Auf ihm schwimmt das Öl, das sich grünlich verfärbt hat.

Warum?

Blätter sind grün, weil in ihnen der Farbstoff Chlorophyll enthalten ist, der in der Fotosynthese eine wichtige Aufgabe übernimmt (s. Experiment 6). Im Herbst färben sich die Blätter gelb und rot, weil die Bäume das Chlorophyll aus den Blättern abbauen und in den Zweigen einlagern. Doch auch im Hochsommer gibt es Laubgehölze, die hochrote Blätter haben. Der Japanische Fächer-Ahorn ist ein Zierstrauch, der ursprünglich aus Japan und Korea stammt. Obwohl seine Blätter dunkelrot sind, enthalten sie genauso wie die grünen Blätter der heimischen Laubbäume Chlorophyll. Das Chlorophyll ist jedoch durch die roten Anthocyane überdeckt, sodass wir es nicht sehen. Zerreibt und kocht man die Blätter, werden die Zellen zerstört und die Pflanzenfarbstoffe gelangen ins Wasser: Die Anthocyane färben es rot. Grünes Chlorophyll setzt sich dagegen in der Ölschicht ab.

Der Begriff „Anthocyan" setzt sich übrigens aus den beiden griechischen Wörtern „anthos" für Blüte und „cyanos" für blau zusammen. Der Farbstoff ist für eine rote, violette und blaue Färbung verantwortlich.

43. Blütensuche
Haben alle Pflanzen Blüten?

Du brauchst...

- Moos
- Farne (z.B. Wurmfarn)
- Tannenzweige mit Zapfen
- Wiesenblumen
  (z.B. Gänseblümchen)
- 1 Lupe

So geht's:

- Betrachte die gesammelten Pflanzen mit der Lupe und suche nach Blüten.

Was passiert?

Moose und Farne scheinen keine Blüten zu besitzen. An den Tannenzweigen hängen Zapfen. Nur die Wiesenblumen tragen eine Blüte.

Warum?

Moose und Farne gehören zu den Niederen Pflanzen. Sie haben keine Blüten und vermehren sich nicht durch Samen, sondern durch Sporen. Man nennt sie deshalb auch Sporenpflanzen. Nadelgehölze haben „Zapfenblüten". Weibliche, befruchtete Zapfenblüten reifen zu Früchten (Zapfen) mit Samen heran. Ein reifer Tannenzapfen ist somit keine Blüte mehr, sondern eine Frucht.

Fichte,
weibliche Blüte   männliche Blüte   Zapfen

Torfmoos-
pflänzchen   Wurmfarn

44. Geheim!

Kann man in einem Zapfen eine geheime Botschaft verstecken?

Du brauchst...

- 1 großer, reifer Kiefernzapfen
- Papier
- 1 Filzstift
- Warmer Heizkörper

So geht's:

- Lege den Kiefernzapfen in einem trockenen Raum auf einen warmen Heizkörper.
- Schreibe auf ein kleines Stück Papier eine Geheimbotschaft an einen Freund.
- Falte das Papier ganz klein zusammen und stecke es zwischen die Schuppen der Zapfen.
- Lege den Kiefernzapfen längere Zeit nach draußen in die feuchte Luft.

Was passiert?

Der Kiefernzapfen schließt sich, die Geheimbotschaft ist unsichtbar eingeschlossen.

Warum?

Die hölzernen Schuppen der Kiefernzapfen schließen sich in feuchter Luft. Nun weißt du auch, wo man den Kiefernzapfen aufbewahren muss, damit die Botschaft geheim bleibt!

trocken

feucht

45. Farnbild
Kann man die Sporen der Farne sichtbar machen?

Du brauchst...
- 1 Farnwedel
  (Blatt eines Farns,
  z.B. des Wurmfarns)
- 1 Blatt weißes Papier
- Zeitungspapier
- 1 Buch

So geht's:

- Lege den Farnwedel mit der Blattunterseite nach unten auf ein Blatt weißes Papier.
- Lege ein Stück Zeitungspapier auf den Farn und beschwere es mit einem Buch.
- Lasse das Papier 2 Tage lang so liegen, ohne es zu verschieben.
- Nimm das Buch und das Zeitungspapier vorsichtig ab.

Was passiert?

Auf dem weißen Papier erscheint ein Muster, das die Form eines Farnblattes hat.

Warum?

Farne pflanzen sich nicht durch Samen fort, sondern durch Sporen, die sich in Sporenkapseln auf der Unterseite des Farnwedels befinden. Durch das Pressen des Farnwedels sind die ausgereiften Sporenkapseln auf der Unterseite des Farnblatts getrocknet, wodurch die Sporen aus den Sporenbehältern ausgetreten sind und auf dem Papier ein Bild des Farnwedels hinterlassen haben.

Wenn dir das Bild gefällt, kannst du es (bei offenem Fenster!) mit farblosem Lackspray (aus dem Bastelladen) besprühen oder es mit einer durchsichtigen Selbstklebefolie bekleben.

Im Unterschied zu den Samen bestehen Sporen nur aus einer einzigen Zelle. (Eine Zelle ist die kleinste Baueinheit der Lebewesen, s. Experiment 3). In der Natur werden die reifen Sporen vom Wind verbreitet, wobei eine einzige Farnpflanze mehrere Millionen Sporen pro Jahr produzieren kann. Landen die Sporen auf idealen, d.h. schattigen und feuchten Böden, so beginnen sie zu keimen, wobei sie sich zu kleinen, blattähnlichen Gebilden, den „Gametenpflanzen" (Prothallium) entwickeln. Jede Gametenpflanze besitzt männliche und weibliche Geschlechtsorgane. Nach der Befruchtung, bei der Wasser wichtig ist, entstehen junge Farnpflanzen, die Sporen tragen. So entsteht ein ständiger Wechsel zwischen geschlechtlicher Vermehrung durch weibliche Eizellen und männliche Geschlechtszellen einerseits sowie durch Sporen andererseits.

46. Verblüffend!
Wie schnell leiten Torfmoose Wasser?

Du brauchst...
- 1–2 grüne Torfmoos-Pflänzchen (Sphagnum)
- 1 Glas
- Rote Tinte
- 1 Uhr

So geht's:

- Lasse die Torfmoos-Pflänzchen einen Tag lang trocknen.
- Fülle etwa 10 ml rote Tinte in ein Glas.
- Stelle das getrocknete Moospflänzchen in die Tinte.
- Miss in Abständen von 2 Minuten, wie hoch die Pflanze rot eingefärbt ist.

Was passiert?

Die Torfmoos-Pflänzchen verfärben sich. In 3 bis 4 Minuten können trockene Torfmoose etwa 10 ml Wasser (bzw. Tinte) aufnehmen.

Warum?

Hochmoore sind nasse, saure sowie nährstoffarme Lebensräume und werden nur durch Regenwasser gespeist. Die Böden bestehen aus pflanzlichem Material und wachsen in die Höhe. Torfmoose, die große Mengen an Wasser speichern können, sind die wichtigsten Pflanzen in einem Hochmoor.

Torfmoose besitzen Wasserspeicherzellen, die sogenannten Hyalinzellen. Über diese Zellen können manche Torfmoosarten das 20- bis 25-fache ihres Trockengewichtes an Wasser speichern. Dadurch sind Torfmoose sogar im abgestorbenen Zustand in der Lage, das Regenwasser in den Zwischenräumen von Stämmchen und Blättchen einzuschließen und es kapillar (s. Experiment 18) hochzuheben, sodass der Wasserspiegel der Hochmoore mehrere Meter über dem Grundwasserspiegel liegt.

Torfmoose haben keine Blüten, sehr einfache Wurzeln und regelmäßig verzweigte Stämmchen, die unten absterben und oben am „Köpfchen" weiter wachsen. Die unteren, abgestorbenen Pflanzenteile bilden den Hauptbestandteil der für die Hochmoore typischen Torfe. Torf ist eine Anhäufung von abgestorbenen und teilweise abgebauten Torfmoosen, die bis zu 10 m dicke Schichten bilden können.

Nur wenige Zentimeter der Pflanze befinden sich über dem Wasserspiegel. Die einzelnen Pflänzchen stehen im Moospolster eng zusammen und stützen sich gegenseitig. Die Zellwände der Torfmooszellen wirken als sogenannte Ionenaustauscher. Sie nehmen Kationen (z.B. Kalzium und Magnesium) aus dem Regenwasser auf und geben im Austausch dafür Wasserstoffionen ins Wasser ab. Weil Wasserstoffionen das Wasser ansäuern, ist Moorwasser fast so sauer wie Essig.

47. Der etwas andere „Wetterfrosch"

Warum verändern Kiefernzapfen ihr Aussehen?

trocken   feucht

Du brauchst...
- 2 große, reife Kiefernzapfen
- 1 warmer Heizkörper
- Badezimmer mit feuchter Luft

So geht's:

- Lege einen der beiden Kiefernzapfen in einem trockenen Raum auf einen warmen Heizkörper.
- Lege den anderen Kiefernzapfen in ein Zimmer mit feuchter Luft

  (z.B. ins Badezimmer, nachdem du bei geschlossener Türe lange geduscht hast).

Was passiert?

Der Kiefernzapfen auf dem Heizkörper öffnet sich weit, der Zapfen im Badezimmer schließt seine hölzernen Schuppen.

Warum?

Die Samen von Kiefern entwickeln sich in den Zapfen (s. Experiment 43). Nicht nur draußen in der Natur, sondern auch bei dir zu Hause reagieren Kiefernzapfen auf den Feuchtigkeitsgehalt der Luft. Bei feuchter Luft schließen sich die hölzernen Schuppen, um die darin enthaltenen Samen vor Regen zu schützen. Ist die Luft trocken, öffnen sich die Schuppen, damit der Wind den Samen forttragen kann.

Nadelgehölze zählen zwar zu den höheren Pflanzen, haben aber keine echten Blüten, sondern männliche und weibliche Zapfenblüten. Der Wind trägt den Blütenstaub vom männlichen zum weibli-

chen Zapfen, in dem die Befruchtung stattfindet. Im ersten Jahr sind die Schuppen offen, um Pollen aufzunehmen, im zweiten Jahr zur Befruchtung (Verschmelzung von Ei- und Samenzellen) geschlossen. Der Zapfen, den du zum Basteln verwendest, ist die Frucht, die sich aus befruchteten weiblichen Zapfenblüten entwickelt hat. Da sich bei Nadelgehölzen die nackten Samen auf den Schuppen der Zapfen entwickeln, bezeichnet man sie auch als Nacktsamer. Höhere Pflanzen, die echte Blüten haben und deren Samenanlagen von einem Fruchtknoten umschlossen („bedeckt") sind, werden als Bedecktsamer bezeichnet.

48. Blütenrätsel

Haben auch Gräser Blüten?

So geht's:

- Betrachte die Spitze der Gräser mit der Lupe.

Was passiert?

Du siehst, dass die Gräser unauffällige, kleine Blüten haben, die in Blütenständen angeordnet sind.

Warum?

Nicht nur Blumen, auch Gräser sind Blütenpflanzen, wie du leicht bei einem Spaziergang über eine unge-mähte Wiese im Sommer feststellen kannst. Die ein-zelnen Blüten sind zwar zurückgebildet, haben aber Staubblätter mit Pollen und einen Fruchtknoten mit Stempel und Samenanlage wie andere Blütenpflan-zen (z.B. die Tulpe) auch. Die kleinen Einzelblüten der Gräser sind meist in Ähren, Rispen oder Trauben angeordnet. Aus der befruchteten Blüte entwickelt sich eine Frucht. Getreidekörner sind die Früchte von Grasarten wie z.B. Mais, Reis, Weizen, Roggen, Hafer und Gerste.

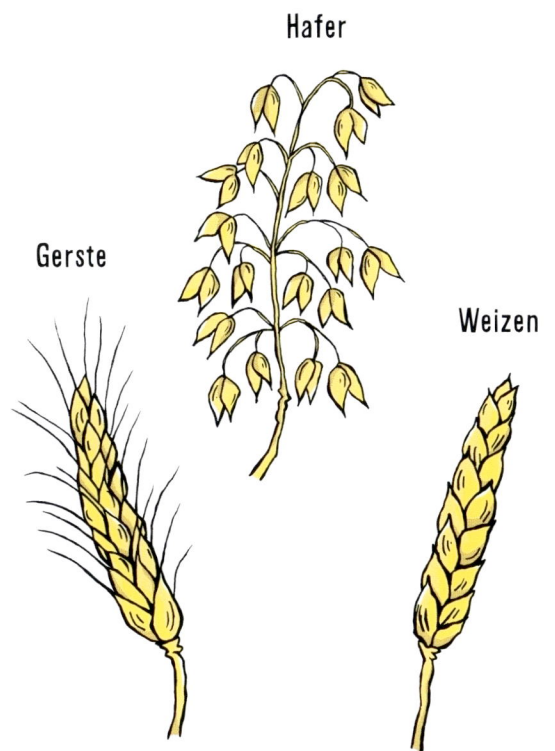

Hafer

Gerste

Weizen

49. Süß- und Sauergräser
Sind alle Gräser innen hohl?

So geht's:

- Pflücke unterschiedliche Grashalme und nimm sie zur Beobachtung mit nach Hause.
- Schneide die Gräser am unteren Ende ab.
- Betrachte den Querschnitt jedes Halms. Wodurch unterscheiden sie sich?

Was passiert?

Im Querschnitt sehen nicht alle Grashalme gleich aus. Manche sind rund, manche sind hohl; sie haben eine dicke oder eine dünne Wand. Einige Stängel sind im Querschnitt sogar dreieckig.

Warum?

Gräser stellen etwa ein Fünftel der Pflanzenbestände der Erde. Es gibt unzählige Arten. Man unterscheidet zwei große Gruppen: Süßgräser, zu denen unsere Wiesengräser, aber auch Getreidearten wie Weizen, Roggen, Gerste und Hafer zählen, sowie die sogenannten Sauergräser.

Wichtiges Unterscheidungsmerkmal von Süß- und Sauergräsern ist das Aussehen der Stängel. Bei den Süßgräsern sind die durch Knoten gegliederten Halme fast immer hohl und rund. Das macht sie stabiler und gleichzeitig biegsam. Sauergräser (auch Seggen oder Binsen genannt) haben dagegen einen dreikantigen, markigen Stängel ohne Knoten. Sie sind krautige Pflanzen mit grasartigem Aussehen. Man nennt sie im Volksmund „Sauergräser", weil sie Kieselsäure enthalten und (im Unterschied zu den Süßgräsern) den Kühen nicht schmecken.

50. Mais
Wie sehen die Blüten der Maispflanze aus?

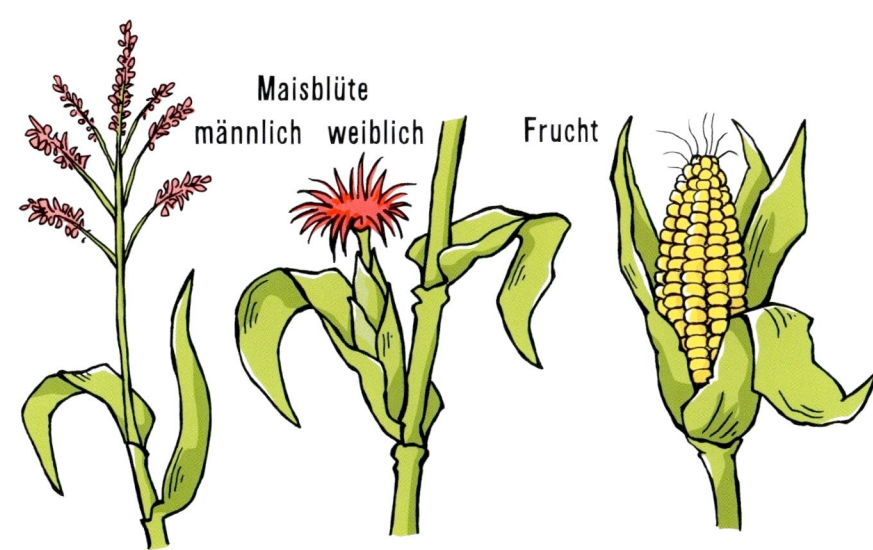

Du brauchst...
- 1 Maisfeld
- 1 Lupe
- 1 Taschenmesser

Maisblüte
männlich   weiblich   Frucht

So geht's:
- Betrachte die Maispflanze und suche nach Blüten.
- Schneide einen kurzen, blütenlosen Stängel ab und betrachte seinen Querschnitt mit der Lupe.

Was passiert?

Du siehst, dass die Maispflanze zwei Sorten von Blüten hat. Der Stängel ist im Querschnitt hohl.

Warum?

Der Mais ist ein Getreide aus der Familie der Süßgräser und stammt ursprünglich aus Mexiko. Wie alle Süßgräser besitzt die Maispflanze einen hohlen Stängel. Im Unterschied zu vielen anderen Grasarten zählt sie aber zu den einhäusigen Pflanzen. Das bedeutet, der Mais besitzt sowohl männliche als auch weibliche Blüten.

Die männlichen Blüten wachsen oben an der Spitze der Pflanze und liefern den Pollen. Die weiblichen Blüten sitzen seitlich an den Stängeln, sind von Blättern umhüllt und bilden lange klebrige Narbenfäden, die den durch den Wind verbreiteten Pollen auffangen. Aus den weiblichen Blütenständen entstehen die Maiskolben (die Fruchtstände der Maispflanze). An jeder Maispflanze entwickeln sich nach der Bestäubung ein bis zwei Maiskolben. Jeder Maiskolben enthält etwa 400 Maiskörner.

51. Asiatische Gemüsepfanne
Was sind eigentlich Bambussprossen?

Du brauchst...
- 1 Dose Bambussprossen (aus einem Asia-Laden)
- 1 Dosenöffner
- 1 Lupe

So geht's:
- Öffne die Dose mit dem Dosenöffner.
- Nimm die Bambussprossen heraus und betrachte sie mit der Lupe.

Was passiert?

Die geschnittenen Bambussprossen sind nicht hohl, sondern erinnern an Wurzelgemüse (z.B. Karotten, Sellerie). Bei manchen erkennt man rundliche Löcher.

Warum?

Bambussprossen sind keine Keimlinge, die sich aus Samen entwickeln (wie z.B. Sojasprossen), sondern Schösslinge (Ausläufer), die aus dem Wurzelstock hervorgehen.

Bambusgewächse (Unterfamilie Bambuseae) sind Süßgräser mit hohlen und holzigen Halmen, die mehrere Meter lang werden können. Sie haben zarte, grüne, grasartige Blätter und oft riesige Blütenrispen. Viele Bambusarten blühen nur alle 10 bis 120 Jahre, meist zur gleichen Zeit. Sind die aus der befruchteten Blüte entwickelten samentragenden Früchte reif, stirbt die Bambuspflanze jedoch ab. Im Unterschied zu den Getreidepflanzen pflanzt sich der Bambus normalerweise nicht durch Samen fort, sondern verbreitet sich durch neue Schösslinge, die die kräftig ausgebildeten Wurzelstöcke hervorbringen. Die bis zu 30 cm langen und 7 cm dicken Bambussprossen müssten also eigentlich „Bambusschösslinge" heißen. Sie werden ähnlich wie Spargel aus dem Boden ausgegraben und sind mit mehreren sehr festen, haarigen und dunkelbraunen Blättern umgeben, die man vor dem Kochen entfernen muss. Zerschneidet man einen geschälten Schössling, sieht man das hellgelbe, feste „Fleisch" und die schmalen Luftkammern in der Mitte. Roh ist der geschälte Bambusschössling nicht essbar, da er ein Gift (Blausäureglykosid) enthält, das durch Kochen abgebaut wird. Bambussprossen in Dosen sind bereits geschält, vorgekocht und daher sofort essbar. Übrigens: Bambusblätter sind die Lieblingsspeise des Großen Pandabären.

Asiatische Gemüsepfanne
Bitte hierbei einen Erwachsenen um Hilfe!

Du brauchst...
- 50 g Champignons
- 2 Möhren
- 3 Frühlingszwiebeln
- 1 Dose Bambussprossen
- 1 Lauchstange
- 3 Esslöffel Öl
- 3-4 Esslöffel Sojasoße
- 1 Prise Chilipulver (Vorsicht: scharf!)
- Etwas Zucker und Salz

Und so bereitest du die Asiatische Gemüsepfanne zu:

1. Gemüse waschen und in dünne Streifen, Scheiben oder Ringe schneiden.
2. Öl in einer Pfanne oder im Wok erhitzen und das frische Gemüse darin anbraten.
3. Die abgetropften Bambussprossen hinzufügen und mit erhitzen.
4. Das Gemüse mit Sojasoße, Chili, Zucker und Salz abschmecken. Dazu passt Reis.

Guten Appetit!

52. Grashalme
Warum richten sich niedergetrampelte Grashalme so schnell wieder auf?

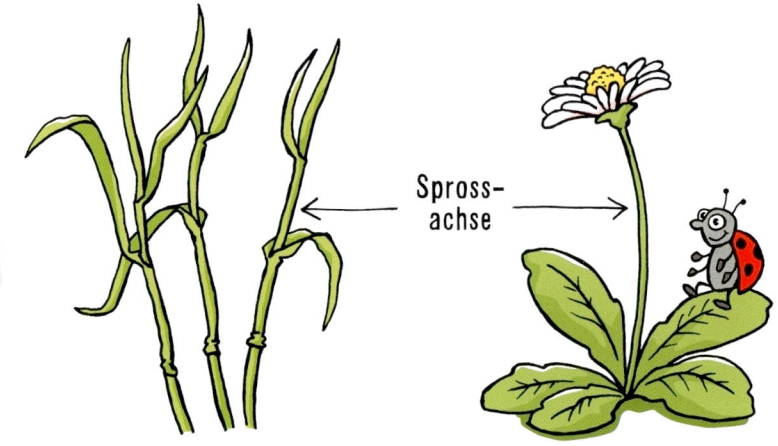

Du brauchst...
- Grashalme (Süßgräser)
- Gänseblümchen
- 1 Lupe

Spross-
achse

So geht's:
- Lege die Grashalme und die Gänseblümchen nebeneinander und betrachte den Aufbau der Sprossachse mit einer Lupe.

Was passiert?
Du siehst, dass der Stängel der Grashalme in Knoten gegliedert ist. Der Stängel des Gänseblümchens besitzt diese Knoten nicht.

Warum?
Während umgeknickte Blumen sehr rasch verwelken, richtet sich niedergetrampeltes Gras schnell wieder auf. Dies liegt an den Knoten in den Stängeln der Grashalme; sie festigen die Graspflanze und geben ihr Halt. Oberhalb des Knotens ist ein Gewebe angelegt, das schnell neue Graspflanzenzellen bilden kann. Wird ein Halm umgeknickt, teilen sich die Zellen, vermehren sich, das Gras richtet sich wieder auf und wächst.

Das Gänseblümchen hingegen ist eine Pflanze aus der Familie der Korbblütler. Ihm fehlen die Knoten, die den Grasstängel so widerstandsfähig machen. Ist der Gänseblümchenstängel geknickt, ist die Wasserversorgung unterbrochen und ein Teil der Pflanze verwelkt. Es dauert viel länger als bei den Gräsern, bis sich wieder ein neuer Stängel bildet.

53. Lavendelbad
Kann man aus Lavendelblüten einen Badezusatz machen?
Bitte hierbei einen Erwachsenen um Hilfe!

Du brauchst...
- 3 Esslöffel Lavendelblüten (aus der Apotheke)
- Wasser
- 1 Teekanne
- 1 Tasse
- 1 Sieb

So geht's:
- Gebe die Lavendelblüten in die Teekanne.
- Bitte einen Erwachsenen, die Lavendelblüten mit kochendem Wasser zu übergießen.
- Lasse den Sud mindestens 15 Minuten ziehen.
- Gieße den abgekühlten Sud durch ein Sieb in eine Tasse.
- Lasse das Badewasser einlaufen und gib den Lavendelsud dazu.

Was passiert?
Das Badewasser duftet nach Lavendel. Wenn du darin badest, fühlst du dich bald schläfrig und entspannt.

Warum?
Lavendelblüten enthalten ätherische Öle, die sich in heißem Wasser lösen und es aromatisieren. Atmest du die im ätherischen Öl enthaltenen Stoffe ein, so wirken sie im Körper wie ein leichtes Beruhigungsmittel.

Der Echte Lavendel ist ein bis zu 60 cm hoher Halbstrauch, der zu den Lippenblütlern zählt. Die Pflanze wächst im Mittelmeerraum und insbesondere die Provence in Frankreich ist für ihre großen, lilafarbenen Lavendelfelder bekannt. Doch auch bei uns blühen sie im Sommer im Topf auf Terrasse und Balkon. Blühzeit ist im Juli und August. Die blauen bis violetten Blüten enthalten ätherische Öle und Pflanzenstoffe mit Heilwirkung (z.B. bei Oberbauchbeschwerden, Nervosität, Migräne).

In der Natur „wehren" sich die Pflanzen mit dem Duft, um Fressfeinde (z.B. pflanzenfressende Säugetiere) abzuschrecken.

54. Autsch!
Was brennt eigentlich bei der Brennnessel?

So geht's:

- Ziehe die Gummihandschuhe an und betrachte die Brennnesselpflanze von allen Seiten mit der Lupe.
- Ziehe einen Gummihandschuh aus und streiche mit der freien Hand von unten nach oben über die Blätter.

Was passiert?

Unter der Lupe erkennst du am Blattrand und auf der Unterseite viele kleine Deckhaare. Die großen, steifen Brennhaare befinden sich auf beiden Seiten des Blattes und auf dem Stängel. Wenn du mit der bloßen Hand von unten nach oben über die Blätter streichst, „brennt" die Brennnessel nicht auf der Haut.

Warum?

Die Brennnessel hat ihren Namen zu Recht, denn kommst du mit ihr in Berührung, so „verbrennt" sie deine Haut und es bilden sich schmerzhafte, rote Schwellungen. Dennoch kann man Brennnesseln unbesorgt anfassen, man muss nur wissen, an welchen Stellen.

Die Brennhaare der Brennnessel, die auf dem Stängel sowie der Ober- und Unterseite der Blätter verteilt sind, tragen an der Spitze ein kleines Köpfchen, das leicht abbricht, vor allem, wenn man von oben nach unten darüber streift. An der Bruchstelle des Brennhaars bleibt eine harte Spitze zurück, die wie eine Minispritze in die Haut sticht. Gleichzeitig fließt aus dem unteren Teil des Brennhaars eine Flüssigkeit, die Ameisensäure enthält, in die Wunde und verursacht einen brennenden Schmerz. Streicht man jedoch von unten nach oben über die Blätter, brechen die Köpfchen der Haare nicht so leicht ab. Deshalb „brennt" die Haut dann nicht.

Die Brennhaare sind ein Schutzmechanismus der Pflanze, mit dem sie sich gegen ihre Fressfeinde wehrt. Kühe zum Beispiel fressen Brennnesseln genauso wenig wie stachelige Disteln.

Junge Brennnesselblätter besitzen noch keine Brennhaare und schmecken, als Salat oder Gemüse zubereitet, sehr gut. Brennnessel-Tee lindert viele Krankheiten wie z.B. Gelenkschmerzen, Rheuma, Magen-Darm- oder Blasen-Probleme. Früher wurde die Brennnessel auch als Faserpflanze genutzt und zu Stoffen („Nessel"stoff), Netzen, Seilen etc. verarbeitet. Mit dem Sud (Wasser abgekochter Brennnesseln) färbte man Stoffe gelb oder nutzte ihn zur Bekämpfung von Blattläusen.

55. Schneeglöckchen
Wie schafft es das Schneeglöckchen zu blühen, obwohl noch Schnee liegt?

Du brauchst...
- Schneeglöckchen (Galanthus spec., Zier- und Gartenpflanze)
- 1 Schaufel
- 1 Lupe

So geht's:
- Grabe mit der Schaufel den unterirdischen Teil eines Schneeglöckchens aus.
- Betrachte die ganze Pflanze mit der Lupe.

Was passiert?

Du siehst, dass die weiße Blüte des Schneeglöckchens von einem langen Blatt umhüllt ist. Der untere Teil des Stängels weist eine Zwiebel auf, von der Wurzeln abzweigen.

Warum?

Das lange Blatt (Hochblatt) schützt die Blüte vor der Kälte. Durch Wärme (8 bis 10°C), die die Pflanze selbst bildet, schmilzt der Schnee im Bereich von Stängeln und Blättern und das Schneeglöckchen steckt seinen hängenden Blütenkopf aus dem Schnee. Blätter und Blüten bilden kann die Pflanze aber im Vorfrühling nur, weil sie im letzten Sommer und im Herbst Nährstoffe in ihrer Zwiebel (einem gestauchten Trieb) gespeichert hat, die sie nun zum Wachsen nutzt. Später stellen die grünen Blätter selbst Zucker her, der in der Zwiebel gespeichert wird.

Übrigens ist die englische Bezeichnung für Schneeglöckchen „snowdrop", was übersetzt „Schneetropfen" bedeutet – ein durchaus passender Name für eine leider giftige Blume.

56. Buschwindröschen
Warum sind die Wurzeln des Buschwindröschens so lang?

Du brauchst...
- Buschwindröschen (Anemone nemorosa)
- 1 Schaufel
- 1 Maßband

So geht's:
- Grabe mit der Schaufel ein Buschwindröschen mit Wurzel aus.
- Messe die Länge der Wurzel.

Was passiert?

Du siehst, dass die Wurzel des Buschwindröschens etwa 30 cm lang ist. Ganz schön lang für so ein kleines Pflänzchen!

Warum?

Das Buschwindröschen bildet nur im Frühling Blätter und Blüten aus. Im Sommer, Herbst und Winter zieht die Pflanze ihre oberirdischen Teile ein und ruht sich aus. In ihrem langen, kriechenden Wurzelstock speichert sie die Nährstoffe, die sie im Frühling gebildet hat. Im nächsten Frühjahr nutzt sie den Nährstoffvorrat der Wurzel, um auszutreiben und die ersten grünen Blätter zu bilden. Weil im Vorfrühling die Bäume noch kahl sind, bekommt sie genügend Licht, um durch Fotosynthese (s. Experiment 6) ihre Nahrung herstellen, wachsen und blühen zu können. Bestäubt wird das Buschwindröschen von Insekten. Die kleinen Balgfrüchte (Nüsschen) werden durch Ameisen verbreitet.

Nicht nur Schneeglöckchen und Buschwindröschen, alle sogenannten Frühblüher besitzen unterirdische Speicherorgane (Zwiebeln, Knollen, Erdsprosse, Wurzelstöcke). Die in ihnen angelegten Nahrungsvorräte sorgen dafür, dass die Pflanzen so früh im Jahr austreiben können.

Buschwindröschen wachsen in lichten Wäldern im Vorfrühling, wenn die Bäume noch kahl sind, und bilden in der Krautschicht weiße Blütenteppiche.

57. Rindenabdruck
Sieht die Rinde bei allen Bäumen gleich aus?

Du brauchst...
- Unterschiedliche Baumarten (z.B. Buche, Pappel, Apfelbaum)
- Mehrere Bögen weißes Papier
- 1 Wachsmalstift
- Klebstoff

So geht's:
- Lege im Wald oder Park einen Bogen Papier auf den Stamm des Baumes.
- Halte das Papier gut fest und male mit dem Wachsmalstift locker über das Papier.

Was passiert?

Das Muster der Rinde bildet sich wie ein Abdruck auf dem Papier ab. Vergleicht man die Abdrücke verschiedener Baumarten, stellt man fest, dass sich die Rindenabdrücke unterscheiden. Wenn Du ein Blatt des Baumes abpflückst und es am unteren Rand auf das mit dem Rindenabdruck versehene Papier klebst, kannst du den Baum zuhause mit einem Baumbestimmungsbuch benennen.

Warum?

Bäume sind holzige Pflanzen mit Wurzel, Stamm und Krone. Der Stamm wird im Lauf der Zeit immer dicker. Die Rinde (auch Borke genannt) bedeckt den Stamm, die Zweige und die Äste des Baumes. Sie schützt die darunter liegenden Zellschichten vor Austrocknung, Feuer, Schädlingen und Krankheitserregern.

Anhand des Rindenmusters lässt sich die Artzugehörigkeit eines Baumes auch im Winter, wenn Blätter und Blüten fehlen, erkennen. Baumarten, die in warmen, trockenen Gebieten wachsen, sind an die dort herrschenden Bedingungen angepasst und haben meist eine dickere Rinde.

58. Papier aus Birkenrinde
Kann man Birkenrinde als Notizzettel verwenden?

Du brauchst...
- 1 (lebende) Hängebirke
- 1 Filzstift

So geht's:
- Betrachte und befühle die Rinde der Birke mit den Händen.
- Ziehe ein Stück Rinde ab.
- Schreibe mit einem Filzstift eine Botschaft auf das Stück Rinde.

Was passiert?

Du merkst, dass die Baumrinde der Birke glatt und silbrig weiß ist sowie graue Querstreifen aufweist. Die äußeren Rindenteile lassen sich wie eine dünne Haut abziehen und fühlen sich wie festes Papier an. Man kann sogar darauf schreiben.

Warum?

Birken sind schell wachsende Gehölze, die anhand ihrer weißlichen Rinde leicht zu erkennen sind. Die Rinde der Birke nennen Botaniker „Ringelborke", die dunklen waagerechten Streifen „Lenticellen". Die weiße Farbe der Birkenrinde stammt vom Betulin, dem einzigen echten weißen Farbstoff, den es im Pflanzenreich gibt. Die äußerste Schicht der

Birkenrinde wird abgestoßen, sodass sie, auch wenn der Baum wächst, immer gleich dick bleibt. Da die Borke, die auch als Birkenleder bezeichnet wird, weich und biegsam ist, nutzte man sie früher als Baumaterial und zur Herstellung von Spanschachteln, Matten, Körben, Schuhen und Rucksäcken.

Die ursprünglich in Nordamerika beheimatete Papier-Birke (Betula papyrifera) hat eine weiße Rinde, die in feinen Streifen abblättert und oft mit kleinen schwarzen Abdrücken bedeckt ist. Amerikanische Ureinwohner nutzten diese Streifen als Papierersatz. Die wasserdichte Rinde diente als Baumaterial für die äußere Abdeckung beim Bau von Kanus.

59. Die widerstandsfähige Korkeiche

Ist Kork wirklich wasserabweisend und hitzebeständig?

Bitte hierbei einen Erwachsenen um Hilfe!

Du brauchst...

- 2 (echte!) Flaschenkorken
- Wasser
- 1 Schüssel
- 1 Kerze
- Streichhölzer

So geht's:

- Fülle eine Schüssel mit Wasser und lasse einen Korken hinein fallen.
- Bitte einen Erwachsenen, eine Kerze anzuzünden und den zweiten Korken in die Flamme zu halten.
- Betrachte die beiden Korken.

Was passiert?

Der erste Korken schwimmt im Wasser. Holt man ihn heraus, scheint das Wasser von ihm abzuperlen. Der Korken, der über die Flamme gehalten wird, fängt zwar zunächst Feuer, das jedoch schnell wieder erlischt. Der Korken sieht verrußt aus, ist aber weder verbrannt noch richtig heiß geworden.

Warum?

Korken sind keine guten Wärmeleiter, wasserabweisend und schlecht brennbar. Sie schwimmen auf dem Wasser, weil sie aus abgestorbenen, mit Luft gefüllten Zellen bestehen und somit eine geringere Dichte als Wasser haben. Die Zellwände enthalten einen Stoff (Suberin), der den Korken gleichzeitig fest und elastisch macht.

Hergestellt werden Flaschenkorken aus der Korkrinde der Korkeiche, einer immergrünen Baumart, die im Süden Europas und in Nordwestafrika wächst. Ihre Borke enthält eine Korkschicht („Korkmantel"), die den Baum vor Kälte, Hitze und Trockenheit schützt und ihm hilft, selbst längere Dürreperioden und Waldbrände, die im Mittelmeerraum häufig auftreten, zu überleben. Die mehrere Zentimeter dicke Korkschicht lässt sich vom Baum schälen. Außer Flaschenkorken stellt man aus ihr Fußbodenbeläge, Tapeten oder Dämmmaterial her.

60. Jahresringe
Wie kann das Alter eines Baumes bestimmt werden?

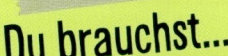

Du brauchst...
- 1 gefällter Baumstamm
- 1 Lupe

So geht's:

- Betrachte den Querschnitt des Baumstammes sowohl mit dem bloßen Auge als auch mit der Lupe.

Was passiert?

Mit bloßem Auge erkennst du, dass von der Mitte des Baumstamms aus ringförmige Muster ausgehen. Mit der Lupe erkennst du zudem eine Abfolge von dunklen und hellen Ringen.

Warum?

Die Ringe im Holz bilden sich, wenn der Baum wächst und der Durchmesser des Baumstamms zunimmt. In jedem Jahr bildet der Baum von innen nach außen eine neue Schicht. Wie schnell ein Baum wächst, ist abhängig von den Umweltbedingungen (z.B. Klima, Wetter, Böden, Wasser- und Nährstoffangebot). Weil sich diese auch im Verlauf eines Jahres verändern, wächst ein Baum in Schüben. Im Winter (oder in Trockenzeiten) wächst er überhaupt nicht, sondern ruht sich aus. Im Frühjahr nutzt er seine gespeicherten Nährstoffe und bildet lockere Gewebe (Leitbahnen), in denen er Wasser und Mineralsalze von der Wurzel bis zu den Ästen und Zweigen transportieren kann. So entsteht das helle, lockere Frühholz aus großen Zellen mit dünnen Wänden. Später, wenn der Baum bereits Blätter gebildet hat und sich seine Nahrung durch Fotosynthese selbst herstellen kann, bildet er kleinere Holzzellen mit dicken Wänden, die ein festes Gewebe bilden. Es entsteht das dichtere Spätholz, das dunkler aussieht, weil in den Zellwänden der Holzzellen mehr Lignin eingebaut ist.

Eichen können bis zu 700 Jahre, Fichten bis zu 600 Jahre alt werden. Zählt man die Jahresringe, weiß man, wie alt ein Baum geworden ist. Auch die klimatischen Bedingungen lassen sich nachträglich am Wachstum des Baums ablesen. Bei günstigem Wetter beispielsweise sind die Jahresringe breiter.

61. Blätter-Herbarium

Kann man Baumarten anhand ihrer Blätter unterscheiden?

Du brauchst...

- Blätter verschiedener Laubbäume (z.B. Eiche, Ahorn, Buche, Ulme)
- Zeitungspapier
- Bücher
- Tonpapier
- Klebstoff
- 1 Stift
- 1 Locher
- 1 Ringordner

So geht's:

- Lege die Blätter nebeneinander, vergleiche sie mit den Abbildungen oder schaue in Büchern nach, von welcher Baumart die Blätter stammen.
- Presse die schönsten Blätter zwischen Zeitungspapier und dicken Büchern.
- Klebe die gepressten Blätter auf Tonpapier und beschrifte sie.
- Loche die beklebten Seiten und bewahre sie in einem Ringordner auf.

Was passiert?

Du hast ein Blätter-Herbarium gebastelt.

Warum?

Nicht nur die Form (Gestalt) der Bäume, auch Rinde, Blätter, Blüten und Früchte sind bei den einzelnen Baumarten unterschiedlich. Blätter und Blüten der Bäume kannst du wie Blumen pressen und in einem „Herbarium" aufbewahren. So bezeichnet man eine Sammlung getrockneter und gepresster Pflanzen, die auf Papierbögen aufgeklebt sind.

62. Blühende Barbarazweige
Wieso treiben manche Knospen schon im Winter aus?

Du brauchst...
- Zweige mit Winterknospen von Laubgehölzen wie Kirschbaum, Japanische Quitte, Zierpflaume, Mandelbäumchen, Forsythie, Weide, Hasel, Birke

So geht's:
- Schneide Anfang Dezember einen Zweig ab und stelle ihn in eine mit lauwarmem Wasser gefüllte Vase.
- Stelle die Vase einige Tage in ein frostfreies Zimmer, danach in einen warmen Raum.

Was passiert?

Die Knospen öffnen sich und am Zweig bilden sich Blüten und grüne Blättchen.

Warum?

Viele Laubbäume tragen in der kalten Jahreszeit so genannte Winterknospen, das heißt junge, noch unentwickelte Triebe mit vorgebildeten Blättern oder Blüten, die meist durch Knospenschuppen gegen Austrocknung und Kälte geschützt und mit Harzen verklebt sind. Im Frühling, wenn die Knospen durch die Sonnenwärme austreiben, fallen die Knospenschuppen ab und hinterlassen an den Trieben ringförmige Narben.

Stellst du im Winter einen Zweig mit Knospen ins Wasser, gaukelt ihm die Zimmerwärme Frühlingstemperaturen vor. Es bildet sich ein Pflanzenhormon (Auxin), das die Knospen, die bereits einmal Frost ausgesetzt waren, austreiben lässt. In der Natur merkt der Baum vor allem an der Tageslänge, um welche Jahreszeit es sich handelt und wann er austreiben muss.

Zweige, die traditionell am 4. Dezember geschnitten und in die Wohnung gestellt werden, heißen Barbarazweige zum Gedenken an die heilige Barbara. Aufgrund ihres christlichen Glaubens wurde sie zum Tode verurteilt, doch ein verdorrter Kirschbaumzweig blühte mit Hilfe von wenigen Tropfen Wasser auf und spendete ihr in ihren letzten Lebenstagen Trost.

Altem Volksglauben zufolge bringt das Blühen der Zweige am Weihnachtsfest Glück.

63. Tinte
Kann man aus Galläpfeln Tinte herstellen?
Bitte hierbei einen Erwachsenen um Hilfe!

Du brauchst...
- Eichenblätter mit Galläpfeln
- 70% Ethanol
  (Alkohol aus der Apotheke)
- 1 Glas
- 5 rostige Eisennägel

So geht's:

- Bitte einen Erwachsenen, das Glas bis zur Hälfte mit Ethanol zu füllen.

- Lege die fünf verrosteten Eisennägel in das Ethanol.

- Halbiere mehrere Galläpfel und gebe sie zu den Nägeln.

- Lasse das Glas zwei Tage lang stehen.

Was passiert?

Die Flüssigkeit im Glas färbt sich dunkelviolett bis schwarz.

nach zwei Tagen

Warum?

Einige Laubbäume haben Blätter mit rundlichen Aufsätzen, die teilweise wie kleine rote Äpfel aussehen. Diese „Gallen" oder „Galläpfel" werden durch Insekten, nämlich den Gallwespen, verursacht, indem das Weibchen in jedes Blatt ein Ei legt und dadurch die Pflanzenzelle anregt, apfelförmig um das Ei zu wachsen. Dadurch ist die Larve, die sich im Innern des Gallapfels aus dem Ei entwickelt, gut geschützt und findet genügend Nahrung.

Aus Rost (Eisenoxid) und den im Gallapfel enthaltenen Gerbstoffen bilden sich schwarze Eisenverbindungen. Es entsteht Tinte. Bereits im Mittelalter hat man erkannt, dass Galläpfel Gerbstoffe enthalten, die zur Tintenherstellung und zum Färben genutzt werden können. Statt Eisenoxid (wie in unserem Versuch) nutzte man im Mittelalter zur Tintenherstellung jedoch eine andere Eisenverbindung (Vitriol, Eisen(II)sulfat).

In einer mittelalterlichen Schrift (Altenzeller Codex 1412) heißt es:

„Nimm Galläpfel und zerreibe sie klein zu Pulver, tue darüber Regenwasser oder dünnes Bier und tue Vitriol hinein, soviel wie nach deiner Schätzung ausreicht und erlaube ihm einige Tage zu stehen und seih es gut durch ein Tuch, und es wird gute Tinte sein. Und wenn du schreiben willst, tue ein wenig Gummi arabicum (Verdickungsmittel aus Akaziensaft) hinein, und erwärm es ein wenig über dem Feuer, dass die Tinte nur warm werde, und es wird gute und unzerstörbare Tinte sein, worauf du auch immer schreiben mögest."

Gallustinte eignet sich zum Schreiben mit Stahlfedern, ist aber für moderne Füllfederhalter nicht geeignet! Schreibt man mit Gallustinte auf Papier, reagiert das darin enthaltene Eisen mit dem Sauerstoff aus der Luft, die Schrift färbt sich tiefschwarz. Manchmal „frisst" sie aber auch das Papier auf. So wurden einige Notenblätter des deutschen Komponisten Johann Sebastian Bach durch Tintenfraß der Gallustinte beschädigt. Das in der Gallustinte enthaltene Sulfat lässt mit der Zeit Schwefelsäure entstehen, die die Papierfasern zerstören kann.

64. Wurzelkraft
Wie kommt im Frühling Wasser in die blätterlosen Zweige?
Bitte hierbei einen Erwachsenen um Hilfe!

Du brauchst...
- 1 lebender Strauch ohne Blätter
- 1 Baumschere

So geht's:

- Bitte einen Erwachsenen, am Strauch knapp oberhalb des Wurzelansatzes einen Zweig abzuschneiden.
- Achte auf den Stumpf.

Was passiert?

Aus dem Stumpf tritt eine Flüssigkeit aus.

Warum?

Damit im Frühling Knospen austreiben können, müssen Wasser und Nährsalze von den Wurzeln bis nach oben in die noch kahlen Zweige gelangen. Im Sommer sorgen die Blätter, die über die Spaltöffnungen (s. Experiment 29) Wasser abgeben, dafür, dass sich ein „Transpirationssog" (s. Experiment 28) bildet, der das Wasser in den Leitgeweben des Baums von den unteren Bereichen bis nach oben in die Baumkrone zieht. Im Winter, wenn die Äste der Bäume kahl sind und der Transpirationssog fehlt, drücken die Wurzeln das Wasser nach oben. Im Volksmund sagt man „der Baum steht im Saft". Der Wurzeldruck entsteht durch Osmose (s. Experiment 72) im Wurzelgewebe des Baumes. Bestimm-

te Pflanzenzellen geben Salze in die Leitgewebe ab, sodass Wasser einströmt und ein Druckgefälle entsteht, das dazu führt, dass weiteres Wasser aus dem Boden angesaugt wird. Wenn du einen Baum, der im Saft steht, anschneidest, tritt Flüssigkeit aus.

Besonders bei Spechten ist der im Frühjahr verstärkt gebildete „Baumsaft" sehr beliebt. Um an ihn zu gelangen, hacken sie im Frühling mit ihren Schnäbeln Löcher in die Äste und Stämme der betreffenden Bäume. Der Saft strömt heraus und die Spechte können ihn trinken. Dieses Löcherschlagen wird auch als „Ringeln" bezeichnet, da sich die Löcher ringförmig um den Ast oder Stamm ziehen.

65. Blattvergleich
Warum werfen Tannenbäume im Herbst nicht ihre Nadeln ab?

Du brauchst...
- 1 Laubblatt
  (z.B. Buche, Eiche, Ahorn)
- 1 Fichten- oder
  Tannenzweig
- 1 Teller

So geht's:
- Zupfe eine Nadel von einem Fichten- oder Tannenzweig ab.
- Lege sie zusammen mit einem Laubblatt auf einen Teller.
- Beobachte sie einige Tage lang.

Was passiert?

Das Laubblatt vertrocknet, wird spröde und lässt sich leicht zerbröseln. Die Tannen- bzw. Fichtennadel behält ihre Form.

Warum?

Tannen und Fichten sind Nadelgehölze mit immergrünen, nadelförmigen Blättern. Diese haben durch ihre Nadelform eine kleine Oberfläche und eine dicke Epidermis („Außenhaut"), die mit einer Wachsschicht überzogen ist und das ganze Jahr über vor Austrocknung schützt. Die Spaltöffnungen sind in die Epidermis versenkt.

Bei Laubblättern hingegen ist die Epidermis sehr dünn und die Spaltöffnungen sind nicht versenkt.

Über die Oberfläche der großen, flachen Blätter verdunstet viel Wasser, das im Winter nicht so leicht ersetzt werden kann, denn aus dem gefrorenen Boden kann der Baum kein Wasser aufnehmen. Aus diesem Grund lassen Laubbäume ihre dünnen Blätter schon im Herbst fallen. Tannen und Fichten, deren Nadeln gut vor Austrocknung geschützt sind, tragen dagegen das ganze Jahr über, auch im Winter, grüne Blätter.

66. „Transportwege"
Woher stammt der Saft in der Birke?
Bitte hierbei einen Erwachsenen um Hilfe!

Du brauchst...
- 1 Ast einer (lebenden) Hängebirke
- 1 Taschenmesser

So geht's:

- Bitte einen Erwachsenen, einen Birkenast an einer kleinen Stelle einzuschneiden.

  (Schneidet aber bitte nicht den ganzen Stamm auf! Kleinere Verletzungen übersteht der Baum.

  Verliert er jedoch zu viel Saft, geht der Baum ein.)

Was passiert?

Aus dem Ast tritt eine Flüssigkeit aus.

Warum?

Der Birkenast besteht aus verschiedenen Gewebetypen. Außen ist er von den abgestorbenen Zellen der Borke geschützt. Weiter innen befindet sich eine lebende Schicht aus Zellen. Diese bilden nach innen ein holziges Gewebe namens Xylem und nach außen ein Gewebe, das als Phloem bezeichnet wird. Das Xylem dient einige Jahre lang dem Transport von Wasser, aber auch der Speicherung und Festigung der Pflanze. Später verkernt der Ast bzw. der Stamm innen und gespeicherte Stoffe werden abtransportiert. Sekundäre Pflanzenstoffe wie Harze, Gerb- und Farbstoffe werden in die verholzten Zellwände eingelagert, das Wasser wird entzogen und die Zellen sterben ab. In dem weiter außen liegenden Gewebe, dem Phloem (Bast, Siebteil), wird der Zucker transportiert, den die Blätter im Frühling durch Fotosynthese gebildet haben. Doch nur die jüngsten Zellschichten des Phloems erfüllen diese Aufgabe, die älteren werden allmählich nach außen abgestoßen.

Damit die Knospen der Birke im Frühling austreiben und grüne Blätter bilden können, werden im Frühling Reservestoffe (vor allem Zuckerverbindungen) mobilisiert und durch das Phloem transportiert. Den Zucker haben die Blätter des Baumes bereits im Vorjahr hergestellt und eingelagert. Schneidet man den lebenden Birkenast an, wird das Gewebe des Phloems verletzt und der zuckerhaltigen Zellsaft tritt aus.

Der Phloemsaft der Birke wird im Volksmund einfach als Birkensaft bezeichnet. Aus ihm wird Birkenhaarwasser gegen Haarausfall und Schuppen sowie Birkenwein hergestellt.

67. Laub im Herbst
Warum verlieren Laubbäume im Herbst ihre Blätter?

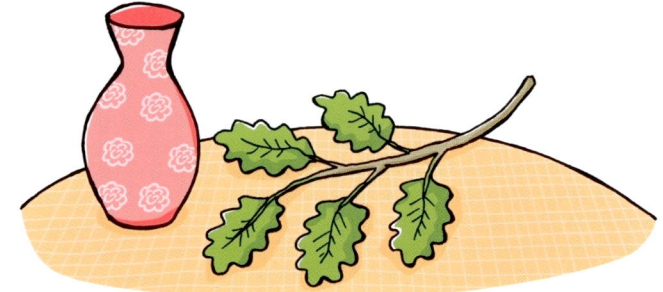

So geht's:

- Breche im Frühling oder Sommer einen Zweig von einem Laubbaum oder Busch ab.
  Er sollte mindestens vier Blätter haben.
- Fülle eine Vase mit Wasser.
- Stelle den Zweig hinein und beobachte ihn einige Tage lang.

Was passiert?

Nach ein paar Tagen (spätestens nach vier Wochen) sind die Blätter vertrocknet. Sie verfärben sich braun, fallen aber nicht (sofort) ab.

Warum?

Werden im Herbst die Tage kürzer, verlieren Laubbäume ihre Blätter, weil die Pflanze bestimmte Enzyme (Wirkstoffe) bildet. Sie führen dazu, dass sich die Blätter verfärben und nach einiger Zeit schließlich abfallen. Im Sommer, wenn die Tage lang sind, werden diese Enzyme vom Baum nicht hergestellt.

Doch bevor die Blätter fallen, sorgt der Baum dafür, dass die in den Blattzellen enthaltenen wertvollen Blattfarbstoffe nicht verloren gehen. Schon im Spätsommer beginnt der Baum damit, den grünen Blattfarbstoff Chlorophyll abzubauen, aus dem Blatt abzutransportieren und (z.B. in Stamm und Ästen) zu speichern. Dabei verfärben sich die Blätter gelb, gelborange oder bräunlich. Weil ihre Blätter ohne Chlorophyll sonnenempfindlicher sind, stellen manche Baumarten zusätzlich rote Blattfarbstoffe (Anthocyane) her, die wie eine Sonnencreme schädliche Lichtstrahlen abfangen und das Blatt schützen.

Zwischen Blattstiel und Zweig bildet sich eine korkartige Trennschicht aus, die dafür sorgt, dass nun kein Wasser mehr in die Blätter gelangen kann. Das Blatt stirbt ab und hat bald keine Verbindung mehr zum lebenden Zweig. Ein kleiner Windstoß genügt und es fällt zu Boden.

68. Nadelbäume

Kann man an den Nadeln erkennen, ob eine Kiefer hartes oder weiches Holz hat?

Du brauchst...

- Kiefernzweige mit Kiefernnadeln von verschiedenen Kiefernarten (z.B. Weißkiefer, Pechkiefer, Rotkiefer)
- 1 Tannen- oder Fichtenzweig

So geht's:

- Sieh dir die Nadeln genau an.
- Zähle die Nadeln in jedem Büschel.

Was passiert?

Bei Fichte oder Tanne stehen die Nadeln einzeln. Du siehst, dass die Nadeln bei manchen Kiefern zu zweit, bei anderen zu dritt oder zu fünft an dem Zweig wachsen.

Warum?

Kiefern, die im Vergleich zu Fichten und Tannen sehr lange Nadelblätter haben, lassen sich in zwei Gruppen einteilen: Bei Kiefernarten mit weichem Holz (z.B. Weißkiefer) wachsen die Blätter in Büscheln aus jeweils fünf Nadeln. Bei Kiefern mit hartem Holz (z.B. Gemeine Kiefer, Pechkiefer) stehen die Nadeln hingegen in Zweier- oder Dreierbüscheln. Tannen und Fichten sind Nadelgehölze, zählen aber nicht zu den Kiefern.

Weißkiefer

Pechkiefer

Fichte

69. Die Farbe der Karotte
Kann man die Farbstoffe der Karotte sichtbar machen?
Bitte hierbei einen Erwachsenen um Hilfe!

Du brauchst...

- 1 Karotte
- Leitungswasser
- Sonnenblumenöl
- 1 Küchenreibe
- 1 Glas
- 1 Esslöffel
- 1 Bierdeckel

So geht's:

- Bitte einen Erwachsenen, die Karotte mit Hilfe einer Küchenreibe zu zerkleinern.
- Gebe die Karottenstückchen in das Glas.
- Fülle Leitungswasser ein, sodass die Karottenstückchen bedeckt sind.
- Gieße 2-3 Esslöffel Öl in das Glas.
- Lege einen Bierdeckel auf das Glas und schüttle es kräftig.

Was passiert?

Das Öl färbt sich gelborange und schwimmt auf dem Wasser.

Warum?

Karotten sind Gemüsepflanzen, die aus der Wilden Möhre gezüchtet wurden. Geerntet und verzehrt werden die orangefarbenen Wurzeln der Pflanze. Sie enthalten neben Ballaststoffen, Zucker und Mineralsalzen auch wertvolle Vitamine und gelten daher als besonders gesundes Gemüse. Ihre Färbung verdanken sie Pflanzenfarbstoffen (Carotinoiden).

Reibt man Karotten, werden ihre Zellen zerstört und die Zellflüssigkeit tritt aus. Das in den Karotten enthaltene Beta-Karotin, das im Körper zu Vitamin A umgewandelt wird, löst sich in dem Öl und färbt es orange. Das Öl schwimmt auf dem Wasser, weil es über eine geringere Dichte als Wasser verfügt.

70. Karotten unter der Lupe

Aus welchen Zellen ist die Wurzel der Karottenpflanze aufgebaut?

Du brauchst...

- 1 Karotte mit grünen Blättern
- 1 Lupe

So geht's:

- Betrachte die Karotte von außen mit der Lupe.
- Schneide sie in zwei Hälften und betrachte den Querschnitt mit der Lupe.

Was passiert?

Außen an der Karottenwurzel befinden sich feine haarähnliche Fasern. Im Querschnitt erkennst du zwei Kreise: Der innere Kreis, der dunkelorange ist, wird von einem helleren Ring umgeben.

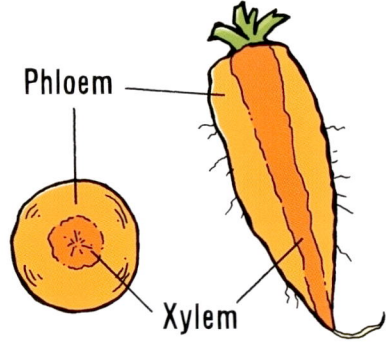

Phloem

Xylem

Warum?

Die Wurzeln vieler Pflanzen, so auch die der Karotte, sind essbar und enthalten große Mengen an Nährstoffen. Karotten haben dicke Pfahlwurzeln, die aus einer Hauptwurzel gebildet werden. Diese wachsen weit in den Boden hinein und gelangen somit auch in tiefer liegende Bodenschichten, in denen sich mehr Wasser befindet. Hast du schon mal die feinen Haarwurzeln bemerkt, die von der Hauptwurzel abzweigen? Wasser und Nährsalze, die die Wurzeln aus der Erde aufnehmen, gelangen über Gefäße (Röhren) in den Stängel und von dort in die Blätter und Blüten.

Der innere dunkle Kreis in der Karotte besteht aus den Röhren des Xylems, die gelöste Nährsalze transportieren. Der hellere Ring, der den dunklen Kreis umgibt, besteht aus den Gefäßen des Phloems, die den in den Blättern hergestellten Zucker transportieren.

71. Karottenschaukel
„Merkt" die Karotte, wo oben und unten ist?
Bitte hierbei einen Erwachsenen um Hilfe!

Du brauchst...

- 1 Karotte mit grünen Blättern
- Wasser
- 1 Küchenmesser
- 1 Schaschlikspieß
- Bindfaden
- 1 Esslöffel

So geht's:

- Schneide die Karotte einige Zentimeter unterhalb ihres dicken Endes ab.
- Bitte einen Erwachsenen, die Karotte mit dem Messer auszuhöhlen, sodass eine kleine Schale entsteht.
- Stecke einen Schaschlikspieß durch die Karotte und befestige an seinen beiden Enden den Bindfaden (vgl. Abbildung).
- Hänge die Karotte mit dem Blätteransatz nach unten an ein sonniges Fenster und fülle das Karotten-schälchen regelmäßig mit Wasser.

Was passiert?

Obwohl die Karotte mit dem „Kopf" nach unten hängt, wachsen nach einigen Tagen die grünen Triebe nach oben in Richtung Sonnenlicht.

Warum?

Alle Sprossen wachsen vom Erdmittelpunkt weg; diese Erscheinung bezeichnet man als Geotropismus (s. Experiment 90). Da die Karotte mit dem Spross nach unten gehängt wurde, wachsen die grünen Blätter nach oben und entfernen sich somit vom Mittelpunkt der Erde.

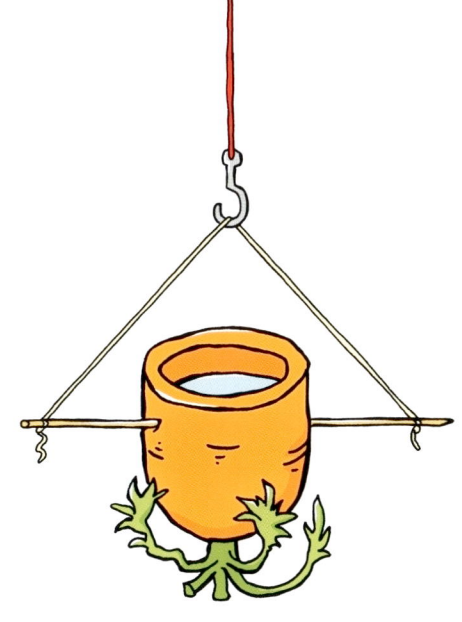

72. Schrumpfkartoffeln
Können Kartoffeln im Wasser schrumpfen?

Du brauchst...
- Rohe Kartoffeln
- Leitungswasser
- Destilliertes Wasser
- 2 Gläser
- 3-4 Esslöffel Salz
- 1 Messer
- 1 Schneidebrettchen

So geht's:

- Fülle ein Glas mit Leitungswasser, das zweite mit destilliertem Wasser.

- Streue in das mit Leitungswasser gefüllte Glas 3 bis 4 Esslöffel Salz und rühre um, bis sich das Salz vollständig aufgelöst hat.

- Schäle die rohen Kartoffeln und schneide sie in kleine Stücke.

- Lege in jedes der beiden Gläser ein paar Kartoffelstücke.

Was passiert?

Nach ungefähr zwei bis drei Stunden fühlen sich die im Salzwasser liegenden Kartoffeln weich und gummiartig an - sie sind geschrumpft. Die Kartoffeln im destillierten Wasser sind dagegen aufgequollen.

Warum?

Möchtest du verstehen, warum die Kartoffeln sich derart unterschiedlich verhalten, so sind zunächst einige grundsätzliche Zusammenhänge zu erläutern: Zwischen Zellwand und dem Zellinhalt liegt in der Pflanzenzelle die Zellmembran (s. Experiment 3). Sie ist semipermeabel, das heißt, sie lässt nur bestimmte Flüssigkeitsteilchen in die Zelle hinein oder aus der Zelle heraus. Die kleinen Wasserteilchen beispielsweise können ungehindert hindurch, größere Moleküle jedoch werden wie von einem Sieb zurückgehalten. Für unser Experiment bedeutet dies, dass das Wasser durch diese Membran hindurch darf, das Salz hingegen nicht.

Zudem existiert noch das Gesetz der Osmose (s. Experiment 24), das besagt: Sind zwei Flüssigkeiten, in denen unterschiedlich viel Salz gelöst ist, durch solch eine semipermeable Membran getrennt, so strömt das Wasser so lange auf die Seite, auf der mehr Salze vorhanden sind, bis auf beiden Seiten der Membran die gleiche Konzentration an Salzen vorliegt. Der Druck, der durch das Fließen von Wasser von einer schwach konzentrierten zu einer höher konzentrierten Lösung entsteht, bezeichnet man als osmotischen Druck.

Und nun zurück zu unserem Experiment:

Das Wasser, das die Pflanzen mit ihren Wurzeln aus der Erde aufnehmen, wird weitergeleitet und gelangt so in jede einzelne Pflanzenzelle. Wenn du die Kartoffeln schälst und aufschneidest, tritt dieser wasserhaltige Zellsaft aus.

Im destillierten, nicht salzhaltigen Wasser quellen die Kartoffeln auf, weil die Salzkonzentration in den Kartoffelzellen größer ist als im Wasser und mittels Osmose ein Ausgleich geschaffen wird: Wasserteilchen dringen in die Kartoffelzellen ein und lassen die Kartoffel anschwellen.

Im Salzwasser hingegen geben die Zellen in den Kartoffelstückchen Wasser ab, weil die Salzkonzentration im Salzwasser höher ist als in der Kartoffel: Die Kartoffelstückchen fühlen sich dementsprechend schlaff und gummiartig an, weil die Kartoffeln ihr eigenes Wasser weitgehend „verloren" haben.

Kartoffel gibt Wasser an salziges Wasser ab

Kartoffel nimmt destilliertes Wasser auf

73. Vegetative Vermehrung
Können sich Pflanzen auch ohne Samen vermehren?

Du brauchst...

- 2 alte (verschrumpelte) Kartoffeln
- 1 Schüssel, gefüllt mit Wasser
- 2 Untertassen
- Küchenpapier
- 1 Wassersprühflasche

So geht's:

- Lasse die beiden Kartoffeln für einige Stunden im Wasser quellen.
- Bedecke die Untertassen mit Küchenpapier und befeuchte sie mit der Wassersprühflasche.
- Lege auf jede Untertasse eine Kartoffel.
- Stelle eine Untertasse mit Kartoffel an einen sonnigen, die andere an einen dunklen Ort (z.B. Keller).

Was passiert?

Nach circa 1 bis 3 Tagen keimen die Kartoffeln aus. Die Kartoffel, die im Dunkeln gehalten wurde, bildet lange, dünne und farblose Triebe aus. Die dem Sonnenlicht ausgesetzte Kartoffel entwickelt kräftige, kurze Triebe, die sich grün verfärben und bald Blätter tragen.

Warum?

Die im Dunkeln gehaltenen Kartoffeln bilden lange Triebe aus, um schneller ans Licht zu gelangen. Das Sonnenlicht hingegen regt die Bildung des Pflanzenfarbstoffs Chlorophyll an, das die Pflanze zur Fotosynthese und damit zur Herstellung ihrer eigenen Nahrung braucht. Dies verursacht die Grünfärbung der Triebe.

Die Kartoffeln, die so lecker schmecken, sind jedoch nicht die Früchte der Kartoffelpflanze, sondern vielmehr die unterirdisch wachsenden Sprossknollen.

Sie dienen der Speicherung von Nährstoffen. Die Sprossachse der Kartoffel ist also in ein Speicherorgan, die Knolle, umgebildet.

Die grünen Blätter und Früchte der oberirdisch wachsenden Kartoffelpflanze enthalten das giftige Solanin und sind daher nicht essbar. Die Sprossknollen sind dagegen ungiftig. Sie entstehen an den Enden unterirdischer Ausläufer, die sich als Seitenzweige an Kartoffelpflanzen bilden, die aus Samen kultiviert wurden.

Die sogenannten „Augen" der Kartoffel sind Vertiefungen, die Seitenknospen enthalten. An ganz jungen Knollen kann man kleine, schuppenförmige Blättchen erkennen, an deren Achseln die Augen stehen. Aus den Augen treiben neue Kartoffelpflanzen aus.

Die aus einer Kartoffelknolle sprießenden, langen dünnen Triebe werden als Erdsprosse bzw. Rhizome bezeichnet. An ihrem Ende können sich ebenfalls neue Sprossknollen entwickeln.

Pflanzen können sich nicht nur geschlechtlich, d.h. durch Bestäubung, Befruchtung oder Samenbildung vermehren, sondern auch ungeschlechtlich bzw. vegetativ. Hierunter versteht man die Vermehrung durch Rhizome (Erdsprosse) oder Ausläufer, das heißt durch Sprosse, die entlang der Erdoberfläche wachsen. Bei der Erdbeere beispielsweise bildet jeder zweite Knoten des Ausläufers Wurzeln und danach einen neuen Spross. Zwiebeln und Knollen sind unterirdische Sprosse, die Nährstoffe speichern. Kartoffeln können künstlich durch Knollensegmente mit einem oder mehreren Augen vermehrt werden. Aus diesen Augen entstehen neue Pflanzen.

Kartoffelpflanze

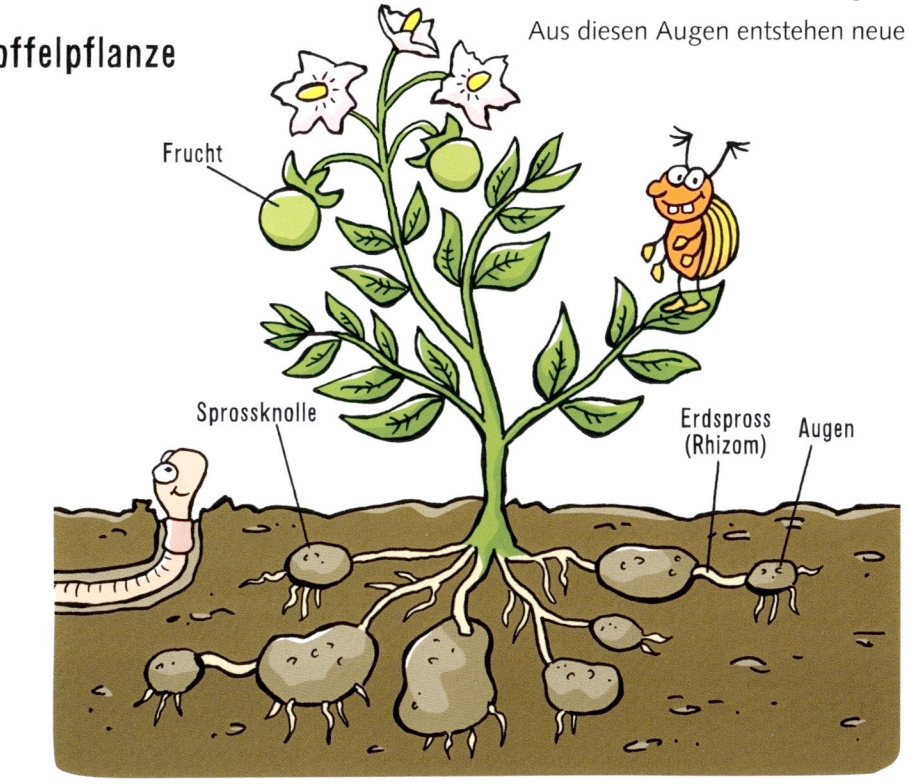

Frucht

Sprossknolle

Erdspross (Rhizom)

Augen

74. „Tränenfabrik"
Wieso tränen beim Zwiebelschälen die Augen?

Du brauchst...
- 1 Küchenzwiebel
- Leitungswasser
- 1 Brett
- 1 Schüssel

So geht's:

- Entferne von einer Zwiebel die äußeren bräunlichen Blätter.

- Halte die Zwiebel nahe an dein Gesicht.

- Schneide sie in der Mitte durch.

- Lege eine Zwiebelhälfte sofort in die mit Wasser gefüllte Schüssel und die andere Hälfte eine Zeit lang an dein Gesicht.

- Lasse dann auch die zweite Zwiebelhälfte ins Wasser fallen.

- Warte ein paar Minuten und halte dann wieder beide Zwiebelhälften nahe an dein Gesicht.

Was passiert?

Deine Augen tränen nicht, wenn du die geschälte, aber ganze Zwiebel oder die Zwiebelhälften, die im Wasser lagen, vor die Nase hältst. Sie fangen aber leicht an zu brennen, wenn du die frisch angeschnittene Zwiebelhälfte nahe an dein Gesicht hältst.

Warum?

Wird eine Zwiebel angeschnitten, so werden ihre Zellen zerstört. Dabei treten zwei Stoffe (Iso-Alliin aus der äußeren Zellschicht und Alliinase aus dem Zellinneren) aus, die in der „unverletzten" Zelle getrennt sind. Kommen sie miteinander in Kontakt, lassen sie einen neuen Stoff entstehen, der in die Luft steigt und die Augen reizt. Legt man die angeschnittene Zwiebel ins Wasser, wird der reizauslösende Stoff abgewaschen.

75. „Unterirdische Blätter"
Was wächst aus einer Zwiebel, die Wasser zur Verfügung hat?

Du brauchst...
- 1 Küchenzwiebel
- 1 leeres Marmeladenglas,
  mit Wasser gefüllt

So geht's:
- Lege die Zwiebel ins Wasser, sodass ihre Unterseite wie in der Zeichnung dargestellt ins Wasser reicht.
- Warte einige Wochen ab und fülle in dieser Zeit ab und zu das verdunstete Wasser nach.

Was passiert?
An dem ins Wasser ragenden Teil der Zwiebel bilden sich Wurzeln aus.

Warum?
Die Zwiebeln der Küchenzwiebel sind unterirdische Blätter, die wie in einer Knospe angeordnet sind und Nährstoffe speichern. Die unterhalb der Zwiebel ansetzenden Wurzeln der Zwiebelpflanze nehmen Wasser auf und wachsen. Pflanzt man die bewurzelte Zwiebel in feuchte, warme Erde, entwickeln sich grüne Blätter, die dem Licht entgegen sprießen.

76. Grüne Triebe
Können auch Wurzeln grüne Triebe entwickeln?

Du brauchst...
- Radieschen, Rettiche, Karotten, Petersilienwurzeln und anderes frisches Wurzelgemüse
- 1 Teller
- Küchenpapier
- 1 Wassersprühflasche

So geht's:
- Lege das Küchenpapier auf den Teller.
- Befeuchte das Küchenpapier gleichmäßig mit der Wassersprühflasche.
- Schneide von dem Wurzelgemüse die Kappen ab.
- Lege die Gemüsekappen mit der Schnittfläche nach unten auf das befeuchtete Küchenpapier.
- Stelle den Teller an einen sonnigen Platz und befeuchte ihn regelmäßig mit der Wassersprühflasche.

Was passiert?
Nach zwei bis drei Tagen haben sich an den Kappen grüne Triebe mit kleinen Blättchen gebildet.

Warum?
Ein Trieb ist ein junger Spross, der sich gerade entwickelt. Er wächst dem Licht entgegen und bildet später grüne Blätter. Die Kappen sind der obere Teil der Wurzel. Der Spross treibt aus, wenn ausreichend Wasser zur Verfügung steht. Als Energiequelle für das Wachstum nutzen die Triebe die in den Wurzelresten gespeicherte Stärke (s. Experiment 89), die unter Sauerstoffverbrauch abgebaut wird.

Sind noch genügend grüne Blätter ausgebildet, kann die Pflanze Fotosynthese betreiben, das heißt aus Kohlenstoffdioxid und Wasser unter Lichteinwirkung selbst Zuckerverbindungen herstellen.

77. Knoblauch

Entwickeln sich aus Knoblauchzehen Knoblauchpflanzen?

Du brauchst...

- Knoblauchzehen
- Gemüsebeet oder großer Topf mit Blumenerde

So geht's:

- Stecke im Herbst oder im Frühling (März) eine oder mehrere Zehen in die Erde.

Was passiert?

Aus den Zehen entwickeln sich im Frühling (bzw. Sommer) grüne Knoblauchpflanzen. Gießt du sie regelmäßig, blühen sie im Hochsommer.

Warum?

Knoblauch zählt zu den Lauchgewächsen. Die „Zwiebel" der Knoblauchpflanze, ein unterirdisches Speicherorgan, das sich aus den Blättern gebildet hat, wird „Knoblauchknolle" genannt. Die Einzelblätter (Zehen, „Tochterzwiebeln") der Knoblauchknolle, die von einer trockenen Haut umgeben sind, können sich vegetativ (ungeschlechtlich) vermehren.

78. Knoblauchöl
Wie stellt man Knoblauchöl her?

Du brauchst...
- 4 Knoblauchzehen
- Olivenöl
- 1 Küchenmesser
- 1 Brettchen
- 1 kleine Glasflasche
- 1 frisches Stofftaschentuch
- 1 Haushaltsgummi

So geht's:

- Schäle die Knoblauchzehen und halbiere sie.

- Stecke die 8 Knoblauchhälften in die Flasche.

- Fülle die Flasche mit Olivenöl auf.

- Verschließe die Flasche mit einem Stofftaschentuch und einem Haushaltsgummi.

- Lasse die Flasche mindesten drei Wochen lang stehen.

- Öffne die Flasche und rieche daran.

Was passiert?

Das Öl riecht stark nach Knoblauch.

Warum?

Knoblauch enthält ätherische Öle, die sich in Olivenöl lösen, das dadurch ein Knoblaucharoma annimmt.

Bereits die alten Griechen haben Lebensmittel (z.B. Oliven, Käse) mit Öl konserviert, also haltbar gemacht. Das Öl schließt die Lebensmittel luftdicht ein und verhindert das Wachstum von Bakterien und anderen Mikroorganismen, die vom Sauerstoff abhängig sind. Duftende Kräuter oder Gewürze wie Knoblauch aromatisieren das Öl. Unbegrenzt haltbar ist es aber nicht: Im Kühlschrank hält es sich etwa drei Monate.

79. Quellende Rosinen
Verändern sich Rosinen im Wasser?

So geht's:

- Fülle das Glas etwa zu einem Drittel mit trockenen Rosinen.
- Gieße das Glas mit Wasser auf und rühre mit dem Löffel gut um.

Was passiert?

Nach ungefähr drei bis vier Stunden sind die vorher harten, schrumpeligen Rosinen weich, dick und prall.

Warum?

Das Wasser dringt durch die Epidermis (Hautoberfläche) in die Rosinen ein. Der in den Rosinen enthaltene Zucker hingegen wird durch die Außenhaut der Rosine in ihrem Inneren zurückgehalten. Die Rosine dehnt sich durch die Wasseraufnahme aus, sie quillt auf.

Unter Quellung versteht man den Einstrom von Wasserteilchen in einen Quellkörper (z.B. ein Stück Holz, ein Samenkorn, eine Rosine). Die großen Teilchen (Moleküle) des Quellkörpers ziehen Wassermoleküle an, weil sie in feuchtem Zustand (schwach) elektrisch geladen sind. Die Wassermoleküle dringen in den Quellkörper ein und lagern sich den Molekülen, aus denen er besteht (z.B. Eiweiß, Stärke), an. Dadurch nimmt er an Volumen zu.

80. Hüpfende Erbsen

Werden Erbsen weich, wenn man sie ins Wasser legt?

Du brauchst...

- Getrocknete Erbsen
- Wasser
- 1 Glas
- 1 Suppenteller

So geht's:

- Fülle das Glas randvoll mit den getrockneten Erbsen.
- Stelle das Glas auf einen Suppenteller.
- Gieße so viel Wasser zu den Erbsen, wie hineinpasst.

Was passiert?

Nach einigen Stunden hörst du, wie die Erbsen nacheinander über die Glaswand purzeln. Weich sind die Erbsen aber nicht.

Warum?

Die Erbsen saugen sich im Glas mit Wasser voll und quellen auf. Dadurch nehmen sie an Volumen zu und dehnen sich so stark aus, dass die unteren Erbsen nach oben drücken, sodass die dort liegenden Erbsen aus dem Glas fallen.

81. Samen-Sprengkraft
Wie groß ist die Sprengkraft von Samen?

Du brauchst...

- Maiskörner, Erbsen- oder Bohnensamen
- 1 alte Blechdose
- Gips
- 1 durchsichtiger (zerbrechlicher) Plastik-Partybecher

So geht's:

- Rühre in der alten Blechdose nach Packungsanweisung Gips an, sodass ein dünner, zähflüssiger „Brei" entsteht.
- Rühre eine Handvoll Erbsen- bzw. Bohnensamen dazu.
- Fülle den Gips mit den Samen in den durchsichtigen Plastikbecher, sodass er bis zur Hälfte gefüllt ist.

Was passiert?

Nach einem Tag bilden sich Risse. Später ist der Becher aufgesprengt.

Warum?

Das in dem Gipsbrei enthaltene Wasser dringt in die Samenkörner ein. Durch die Quellung nehmen die Samenkörner an Volumen zu. Sie dehnen sich schließlich so stark aus, dass der Becher zerbricht.

Die Kraft von wachsenden Keimlingen ist manchmal sogar so groß, dass der Asphalt auf Straßen gesprengt wird und Risse entstehen.

82. Riesenkeime
Brauchen Samen Erde zum Keimen?

Du brauchst...

- Feuerbohnensamen
- 1 Marmeladenglas
- Küchenpapier
- 1 Schere
- Zeitungspapier
- 1 Wassersprühflasche

So geht's:

- Lege das Marmeladenglas an seiner Innenwand mit Küchenpapier aus und schneide die überstehenden Streifen mit der Schere ab.
- Stopfe zerknülltes Zeitungspapier in das Innere des Glases.
- Befeuchte Zeitungs- und Küchenpapier mit der Wassersprühflasche.
- Schiebe zwischen Glas und Papier ein paar Feuerbohnensamen.
- Stelle das Glas auf eine sonnige Fensterbank und besprühe das Papier jeden Tag regelmäßig mit Wasser aus der Sprühflasche.

Was passiert?

Nach circa 1 bis 3 Tagen keimen die Feuerbohnen aus und du kannst sie beim Wachsen beobachten.

Warum?

Alle Samen brauchen zur Keimung Wasser, Luft und Wärme. Wie viel Licht sie brauchen, ist bei den einzelnen Pflanzenarten unterschiedlich. Als Lichtkeimer bezeichnet man Pflanzen, die durch Licht in ihrer Keimung gefördert werden. Das ist bei den meisten Pflanzenarten der Fall. Es gibt jedoch auch einige, die durch Licht in ihrer Keimung gehemmt werden. Man nennt sie Dunkelkeimer. Die

Feuerbohnensamen zählen zu den Lichtkeimern. In unserem Experiment haben sie alles, was sie zum Keimen brauchen: Wasser, Luft, Licht und Wärme. Erde brauchen sie nicht unbedingt.

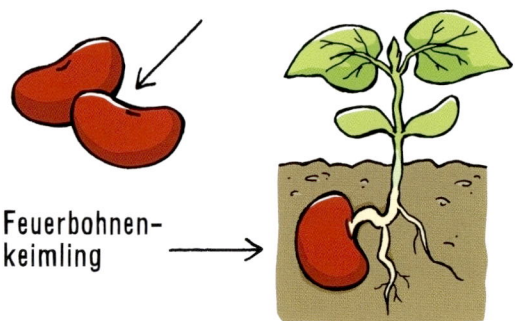

Feuerbohnensamen

Feuerbohnen-keimling

83. Der versteckte Keimling
Was regt den Keimling zum Wachsen an?

Haut Keimling

So geht's:

- Lege zwei Bohnen für ein paar Stunden ins Wasser, die beiden anderen bewahrst du auf einer sonnigen, trockenen Fensterbank auf.
- Nimm die zwei Bohnen aus dem Wasser und vergleiche sie mit den beiden trockenen.
- Öffne die nassen Bohnen mit dem Daumennagel und betrachte sie unter der Lupe.

Was passiert?

Die trockenen Bohnen sind unverändert. Die nassen Bohnen sind größer geworden, ihre Haut ist faltig und aufgeplatzt. Wenn man sie in zwei Hälften zerlegt, erkennt man einen Keimling.

Warum?

Samen enthalten Nährstoffe, die das in ihm „schlummernde" künftige Pflänzchen (Embryo, Keimling) zum Wachsen braucht. Doch auch Sauerstoff und Wasser sind hierbei überaus wichtig.

Die Samen der meisten Pflanzen sind ziemlich trocken. Nimmt ein Same wie in unserem Versuch durch Quellung Wasser auf (s. Experiment 79), wird die Samenschale durch den Druck der eingeströmten Wassermoleküle gesprengt. Der im Samen liegende Embryo wird durch das Wasser zum Wachsen angeregt, es bildet sich ein Keimling. Die Energie zum Wachsen erhält er durch Abbau der gespeicherten Nährstoffe. Dies gelingt jedoch nur, wenn ausreichend Sauerstoff zur Verfügung steht. Zuerst bricht die Keimwurzel aus dem Samen heraus und wächst mit der Schwerkraft nach unten.

Schwerkraft ist die Kraft, die auf einen Körper auf der Erdoberfläche wirkt. Im Weltall herrscht Schwerelosigkeit. Auf einer Raumstation im All können Pflanzen nicht mehr wahrnehmen, wo oben oder unten ist. Bringt man keimende Samen in die Schwerelosigkeit, wachsen die Keimlinge nicht nach unten, sondern durcheinander.

84. Was Keime so alles brauchen...
Können Pflanzen auch ohne Wasser oder Luft keimen?

Du brauchst...

- Feuerbohnensamen
- 3 leere Marmeladengläser
- 1 Schüssel, mit Wasser gefüllt
- 1 Sprühflasche, gefüllt mit Wasser
- 1 halbe Tasse Wasser
- Watte oder Papierservietten
- 1 Küchentuch
- Elastische Haushaltsfolie (durchsichtig)

So geht's:

- Lege die Bohnen in eine mit Wasser gefüllte Schüssel und lasse sie dort 24 Stunden lang liegen.
- Bedecke den Boden jedes der drei Marmeladengläser dünn mit Watte oder lege eine Papierserviette hinein.
- In das erste Glas sprühst du mit der Wassersprühflasche, sodass die Watte (bzw. die Papierserviette) befeuchtet wird. Das zweite Glas bleibt trocken. In das dritte füllst du eine halbe Tasse Wasser, sodass die Watte (bzw. Papierserviette) völlig durchnässt ist.
- Hole die Bohnen aus der Wasserschüssel und lasse sie kurz auf einem Küchentuch abtropfen.
- Verteile in jedem Glas die gleiche Menge an Feuerbohnen.
- Verschließe jedes Glas mit der Haushaltsfolie, damit das Wasser nicht sofort wieder verdunstet, und stelle alles ans Tageslicht (z.B. auf eine sonnige Fensterbank).

Was passiert?

Nach circa 1 bis 3 Tagen keimen die Feuerbohnen in dem Glas mit der befeuchteten Watte aus. Im trockenen und im mit Wasser gefüllten Glas sind dagegen keine Bohnenkeimlinge zu finden.

Warum?

Samen benötigen zur Keimung Licht, Wärme, Wasser und Sauerstoff. In unserem Experiment wärmen die Sonnenstrahlen alle drei Gläser. Im trockenen Glas fehlt dem Samen jedoch Wasser, in dem mit Wasser gefüllten Glas Sauerstoff. Nur wenn der Bohnensamen Wasser und Sauerstoff zur Verfügung hat, kann der Embryo wachsen.

85. Ein- und Zweikeimblättrige

Was entsteht aus gequollenen Samen?

Du brauchst...

- Feuerbohnensamen
- Maiskörner
- Radieschensamen
- 2 Gläser
- Küchenpapier

So geht's:

- Bringe alle Samen zum Quellen und lasse sie zwischen Glas und Küchenpapier keimen (s. Experiment 79 und 82).

- Untersuche die Form der gekeimten Samen und vergleiche sie miteinander.

Was passiert?

Es entstehen Keimlinge. Der Radieschenkeimling ähnelt der Bohne, der Maiskeimling sieht anders aus.

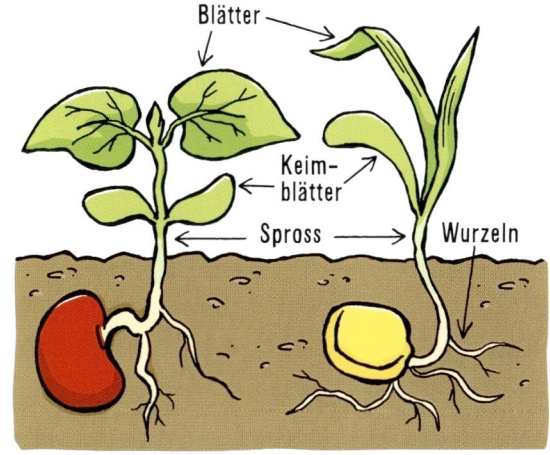

Bohnensamen   Maiskorn (Frucht mit Samen)

Warum?

Bohnen und Radieschen gehören zu den zwei-keimblättrigen Pflanzen, da sich aus ihren Samen zwei Keimblätter entwickeln. Der Mais ist eine ein-keimblättrige Pflanze, sein Same entwickelt nur ein Keimblatt.

Nicht nur die Samen, sondern auch die Blüten und Blätter von ein- und zweikeimblättrigen Pflanzen un-terscheiden sich. Bei einkeimblättrigen Pflanzen (z.B. Lilien, Mais) ist die Zahl der Blüten durch drei teilbar. Ihre Blätter sind ungestielt, einfach und meist lanzett- oder eiförmig. Zweikeimblättrige Pflanzen (wie z.B. die Brennnessel, Rose, Primel) haben meist fünf bun-te Kron- und kleine grüne Kelchblätter.

86. Keimruhe
Was kann die Samen am Keimen hindern?

Du brauchst...

- Kressesamen
- 1 dünne Apfelscheibe
- 1 Untersetzer
- Watte
- 1 Wassersprühflasche
- 1 durchsichtige Plastiktüte (z.B. Gefrierbeutel)

So geht's:

- Lege die Apfelscheibe in die Mitte des Untersetzers.
- Verteile auf dem Untersetzer und auf der Apfelscheibe eine dünne Schicht mit Watte und befeuchte sie mit der Wassersprühflasche.
- Verteile die Kressesamen gleichmäßig auf der befeuchteten Watte.
- Stecke den Untersetzer mit den Samen vorsichtig in die Plastiktüte (dann musst du nicht gießen) und stelle das Ganze an einen warmen Ort (z.B. auf eine sonnige Fensterbank).

Was passiert?

Die Kressesamen keimen und wachsen allmählich zu grünen Kressepflänzchen heran. Nur die Stelle, unter der die Apfelscheibe liegt, bleibt frei: Hier entwickeln sich keine Kressepflänzchen.

Warum?

Keimen manche Pflanzen trotz günstiger Umweltbedingungen (das heißt ausreichend Wasser, Wärme, Licht und Sauerstoff) nicht aus, befinden sie sich meist im Zustand der Keimruhe, die verschiedene Ursachen haben kann:

Sehr oft ist in diesem Zustand die Samenschale für Wasser oder Sauerstoff nicht durchlässig, manchmal ist aber auch der Embryo noch nicht ausgereift. Erst wenn er von der Winterkälte beeinflusst und nachgereift ist, kommt es im Frühjahr zur Keimung. Eine dritte mögliche Ursache ist das Vorhandensein bestimmter Stoffe, die die Keimung hemmen – in unserem Experiment die Apfelscheibe. Das Fleisch vieler Stein- und Kernobstfrüchte enthält Keimhemmstoffe, die verhindern, dass Samen vorzeitig auskeimen. In der Natur geschieht dies erst dann, wenn das Fruchtfleisch völlig verfault ist. Sobald der reife Same freiliegt und sowohl Wasser als auch Sauerstoff zur Verfügung hat, „merkt" der Embryo, dass die Wachstumsbedingungen günstig sind und er beginnt zu keimen.

87. Der Feind des Keimens
Kann auch saures Wasser Samen am Keimen hindern?

Du brauchst...
- Kressesamen
- 2 Teller
- Küchenpapier
- 1 Wassersprühflasche
- Haushaltsessig
- 1 Esslöffel
- 2 Glasschälchen oder 2 Gefrierbeutel aus Plastik (durchsichtig)

So geht's:
- Lege jeden Teller mit Küchenpapier (ersatzweise Papierservietten oder Watte) aus. Einen Teller besprühst du mit der Wassersprühflasche, sodass das Küchenpapier gut befeuchtet wird.
- Das Küchenpapier auf dem zweiten Teller befeuchtest du esslöffelweise mit Essig.
- Verteile die Kressesamen gleichmäßig auf beiden Tellern.
- Stülpe über jeden Teller ein Glasschälchen oder schiebe den Teller in einen Gefrierbeutel, damit das Wasser nicht sofort wieder verdunstet.
- Stelle alles an einen warmen Ort (z.B. auf eine sonnige Fensterbank).

Was passiert?
Die Samen auf dem mit Essig behandelten Teller keimen nicht aus.

Warum?
Die Kressesamen auf dem mit Essig behandelten Teller nehmen Essig (und damit Säure) statt Wasser auf. Eine Keimung ist jedoch unter stark sauren Bedingungen nicht möglich.

Entsprechend schädlich für Bäume und andere Pflanzen ist saurer Regen, der durch Luftverschmutzung entstehen kann. Saure Niederschläge beeinträchtigen das Wachstum von Waldbäumen und sind die Ursache für das Waldsterben. Bei Laborversuchen hat man festgestellt, dass Säure die Blätter schädigt und (so wie der Essig in unserem Experiment) die Keimung von Samen hemmt.

88. Vorsicht Ambrosia!

Warum wachsen an Vogelfutterplätzen so viele verschiedene Pflanzen?

Du brauchst...

- 1 Vogelfuttermischung für den Winter
- Zeitungspapier
- Mehrere Teller
- 1 Lupe

So geht's:

- Breite das Zeitungspapier auf dem Tisch aus.
- Nimm eine Handvoll Vogelfutter und streue es auf das Zeitungspapier.
- Verteile die Körner nach Form und Farbe sortiert auf die Teller.
- Lege Körner, die wie Ambrosia-Samen aussehen (siehe Abbildung), beiseite.

Was passiert?

Du erkennst, dass das Winterfutter für Vögel viele unterschiedliche Samenkörner enthält, die du aussäen kannst. Fallen sie auf die Erde, können sie auskeimen und sich zu zahlreichen Pflänzchen entwickeln.

Warum?

Die blühende Ambrosia-Pflanze setzt winzige Pollenkörner frei, die in die Luft gelangen und bei Allergikern Asthma auslösen können. Zwar verursachen auch andere Pflanzen Allergien, doch wird Ambrosia als besonders gefährlich eingestuft. Deshalb sollte man immer Vogelfutter ohne Ambrosiasamen kaufen oder die Ambrosiasamen aussortieren, bevor man sie ausstreut.

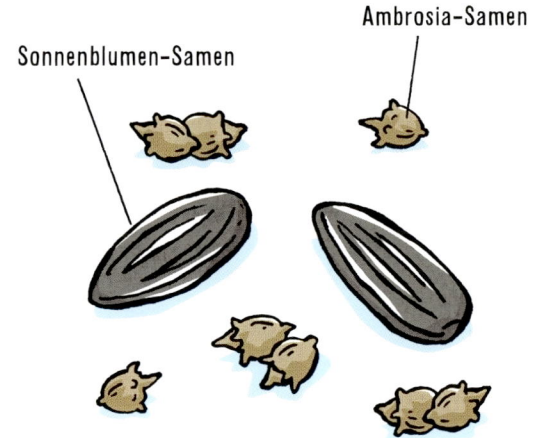

Sonnenblumen-Samen

Ambrosia-Samen

Die Abbildung zeigt zwei Sonnenblumensamen und viele kleine Ambrosiasamen, die einen Durchmesser von 2 bis 4 mm haben. Sie fliegen nicht, sind aber auch noch nach bis zu 40 Jahren im Boden keimfähig.

89. Wurzel-Sprengkraft
Wie kräftig sind die Wurzeln von ausgekeimten Samen?

Du brauchst...

- Ringelblumensamen auf einer Untertasse
- 1 Wassersprühflasche
- 1 leere Eierschale
- 1 Esslöffel
- Pflanzenerde (ca. 4 Esslöffel)
- 1 Eierbecher

So geht's:

- Besprühe die Ringelblumensamen mit Wasser und lasse sie auf der Untertasse über Nacht quellen.
- Fülle die Eierschalenhälfte mit Pflanzenerde und stecke die gequollenen Samen unter die Erde.
- Setze die Eierschalenhälfte in einen Eierbecher und stelle diesen auf eine sonnige Fensterbank.
- Besprühe die Erde jeden Tag mit Wasser.
- Nach vier bis fünf Tagen nimmst du die Eierschalenhälfte aus dem Eierbecher und drehst sie um.

Was passiert?

Auf der Unterseite haben die Wurzeln die Eierschale durchbrochen.

Warum?

Nach wenigen Tagen keimen die Ringelblumensamen aus und bilden Keimwurzeln. Mit diesen Wurzeln kann sich der Keimling im Boden verankern, Wasser und Nährsalze aus der Erde aufnehmen.

Wurzeln verankern die Pflanze im Boden und dienen der Aufnahme von Wasser und Nährsalzen. Die Wurzeln können die von den Blättern bei der Fotosynthese gebildeten Nährstoffe (Zuckerverbindungen) in speziellen Geweben (Nährgeweben) speichern. Bei Bedarf werden die gespeicherten Nährstoffe zur Energiegewinnung in die Sprossachsen (Stängel) und die Blätter transportiert. Die Wurzeln sind außen von einer Haut, der Rhizodermis bedeckt. Sie bildet röhrenförmige Ausstülpungen, die Wurzelhaare. Sie nehmen Wasser und die darin gelösten Nährsalze aus der Erde auf. Von den Wurzelhaaren wandert das Wasser durch verschiedene Zellschichten bis in die Leitbahnen der Sprossachse nach oben in die Blätter.

90. Tropismus

Wachsen die Stängel der Pflanzen immer nach oben?

Du brauchst...
- 2 junge Tomatenpflanzen im Topf
- 4 Backsteine
- 1 Wassersprühflasche

So geht's:

- Lege auf einer sonnigen Fensterbank eine Tomatenpflanze mit Topf auf die Seite (siehe Abbildung).
- Schichte jeweils zwei Backsteine aufeinander und stelle die beiden „Türme" im Abstand von circa 5 cm (bzw. Durchmesser des Pflanztopfs) neben die auf der Seite liegende Pflanze.
- Stelle die zweite Tomatenpflanze kopfüber, d.h. mit den Trieben nach unten auf die Backsteine (siehe Abbildung).
- Besprühe die Erde beider Pflanztöpfe regelmäßig mit Wasser und beobachte das Wachstum der Pflanzen.

Was passiert?

Die früher gerade wachsenden Pflanzen krümmen sich und wachsen dann aufrecht weiter (siehe Abbildung).

Warum?

Pflanzen wachsen senkrecht nach oben, dem Licht entgegen. Die Wurzel wächst dagegen im Boden nach unten, in Richtung Erdmittelpunkt.

Pflanzenbewegungen und -wachstum in eine bestimmte Richtung werden durch Reize ausgelöst. Die Schwerkraft der Erde beispielsweise ist ein solcher Reiz, der Geotropismus auslöst: Sowohl Keimlinge als auch reife Pflanzen wachsen stets mit den Wurzeln in Richtung Erdmittelpunkt (positiver

Geotropismus), der Spross hingegen wächst vom Erdmittelpunkt fort (negativer Geotropismus, d.h. entgegen der Schwerkraft). Dreht man eine Pflanze in horizontaler Lage langsam (2 bis 20 Umdrehungen pro Stunde) um ihre eigene Längsachse, wird die einseitige Schwerewirkung der Erde ausgeschaltet, die Pflanze zeigt keine gerichteten Krümmungsbewegungen mehr.

Die durch einseitige Lichteinwirkung verursachte Krümmungsbewegung der Pflanze wird als Fototropismus bezeichnet. Ein wachsender Spross wendet sich immer dem Licht zu. Dabei wächst die vom Licht abgewandte Seite stärker als die dem Licht zugewandte. Ursache des unterschiedlichen Wachstums ist der Einfluss eines Wuchsstoffes, des Auxins. Es wandert bei Lichteinstrahlung zur lichtabgewandten Seite, der Schattenseite.

91. Rätselhaft
Sind Spargel und Gurke Früchte?

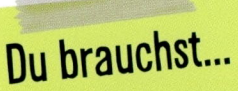

Du brauchst...
- 1 Spargelstange
- 1 Gurke
- 1 Messer

So geht's:

- Schneide die Spargelstange und die Gurke quer durch.
- Suche nach Samen.

Was passiert?

Die Spargelstange enthält keine Samen. Die Gurke enthält kleine grüne Kerne.

Warum?

Sprechen wir von Früchten, so verstehen wir darunter meistens Obst. Doch was denkst du? Würdest du auch Gurken oder Paprika als Obst bzw. Frucht bezeichnen? Oder vielmehr als Gemüse? Die Unterscheidung ist gar nicht so einfach!

Die Gurke ist ein Kürbisgewächs, deren Frucht eine grüne Beerenfrucht mit Samen ist. Beim Gemüsespargel hingegen, der meist kurz „Spargel" genannt wird, essen wir die jungen Triebe. Samen enthält der Spargel jedoch nicht. Dementsprechend ist die Gurke eine Frucht, der Spargel hingegen ein Gemüse.

In der Botanik wird der Begriff Frucht als „Wand des Fruchtknotens, der die Samen umschließt" bezeichnet. Das klingt zwar sehr kompliziert, doch schau dir noch einmal die Bestandteile einer Blüte in Experiment 35 an. Wie du siehst, ist der Fruchtknoten (mit Samenanlage) Teil der Blüte. In der Samenanlage entwickelt sich der Samen, die Blüte entwickelt sich zur Frucht.

Mit anderen Worten: Jede Frucht entsteht aus einem Fruchtknoten; Staub- und Kronblätter sowie Griffel sind zu diesem Zeitpunkt längst abgefallen. Früchte bestehen aus einem oder mehreren Samen, die von einer Fruchtwand umgeben sind.

Und da es unglaublich viele Früchte auf dieser Welt gibt, existieren auch zahlreiche Möglichkeiten, sie einzuteilen, wobei es immer wieder zu Überschneidungen kommt:

1. Anzahl der Fruchtknoten:
   „Einzelfrucht" oder „zusammengesetzte Frucht"
2. Art der Samenverbreitung:
   Streu- oder Schließfrucht
3. Wassergehalt: Trocken- oder Saftfrüchte

Solche **Einzelfrüchte**, die gleichzeitig **Spring- bzw. Streufrüchte** sind, öffnen sich nach dem Reifen und lassen den Samen frei. Hierzu zählen beispielsweise die Hülsenfrüchte wie Bohnen und Erbsen, aber auch die Kapselfrüchte wie der Mohn.

Wird der Samen jedoch von der Fruchtwand fest umschlossen, so handelt es sich um **Schließfrüchte**, die man nach ihrem Wassergehalt weiter einteilen kann:
Handelt es sich um **trockene** Schließfrüchte wie beispielsweise Nüsse, so wird der Samen von einer ledrigen oder holzigen Fruchtwand umschlossen.

Bei Beeren hingegen ist die Fruchtwand **saftig** und umschließt zahlreiche Samen. Dies gilt auch für Gurken, Tomaten, Paprika und Kürbisse!

Steinfrüchte wie Kirschen oder Aprikosen sind eine Mischung aus Beeren und Nüssen, da ihr Kern hart, ihr Fruchtfleisch jedoch saftig ist.

Besteht eine Blüte aus mehreren Fruchtknoten und entwickelt sich aus jedem einzelnen Fruchtknoten eine Frucht, so bilden diese Früchte dann eine Einheit und werden als **Sammelfrucht** bezeichnet. Sie gehören zu den **zusammengesetzten Früchten**; hierzu zählen Brombeeren und Himbeeren.

Und wie du dir schon denken kannst, könnten wir auch hier weiter einteilen in…

Doch genug der Theorie! Sicherlich hast du bereits bemerkt, dass die Einteilung der unterschiedlichen Fruchtarten ganz schön knifflig werden kann – mitunter entsteht ein regelrechtes Früchterätsel.
Und nach soviel Informationen ein überaus praktischer Vorschlag zum Abschluss: Wie wär`s mit einem leckeren Obstsalat?

92. Die krumme Banane
Sind Bananen Beeren?

Du brauchst...
- 1 Banane
- 1 Brettchen
- 1 Küchenmesser

So geht's:

- Schäle eine Banane und halbiere sie.
- Schneide eine Hälfte der Länge nach auf.
- Betrachte die Quer- und Längsschnitte der Banane.

Was passiert?

Die Banane erinnert im Längs- und Querschnitt an eine Gurke, enthält aber keine Samen.

Warum?

Beeren sind Schließfrüchte, die aus einem einzigen Fruchtknoten hervorgegangen sind. Die Fruchtwand ist bei der Reife saftig oder fleischig. Meist enthalten Beeren viele Samen und sind oft rundlich und auffallend gefärbt.

Aber auch Bananen sind Beerenfrüchte. Bei der Wildform der Banane enthalten sie auch noch Samen. Die gelben Zuchtbananen, die wir roh essen und die süß schmecken, werden grün von der Staude geerntet und reifen später nach. Die Samen wurden „weggezüchtet", die Zuchtform der Banane vermehrt sich vegetativ (ungeschlechtlich, s. Experiment 73).

Bananenpflanzen gedeihen nur in den Tropen. Aus den befruchteten Blüten entstehen grüne, fingerartige Beerenfrüchte, die zunächst nach unten, zur Erde hin wachsen. Wenn sie größer werden, drehen sie sich jedoch der Sonne entgegen. Deshalb ist die Banane krumm!

93. Rote Früchtchen
Warum sind die meisten Waldbeeren so auffallend rot?

Du brauchst...
- Johannisbeeren
- Erdbeeren
- 1 Küchenmesser
- 1 Brettchen
- 1 Lupe

So geht's:
- Halbiere eine Erdbeere und eine Johannisbeere mit dem Messer.
- Betrachte die Fruchthälften innen und außen mit der Lupe.

Was passiert?

Die Johannisbeere ist innen saftig und enthält kleine Kerne. Die Erdbeere ist innen fleischig und außen mit winzigen körnchenartigen Strichen besetzt.

Warum?

Der Johannisbeerstrauch zählt zu den Stachelbeergewächsen. Seine Früchte sind in Trauben angeordnete Beeren, die saftig sind und Samen enthalten. Die Erdbeere gehört zur Familie der Rosengewächse. Die Erdbeerfrucht ist keine Beere, sondern eine Sammelnussfrucht. Die eigentlichen Früchte der Erdbeerpflanze sind die außen auf dem roten Fruchtfleisch sitzenden kleinen gelben Nüsschen. Die Früchte beider Pflanzen zählen zu den Darmwanderern (Endozoochoren). Sie werden von Tieren (z.B. Vögeln, Kleinsäugern, Schnecken) gefressen und verdaut. Mit dem Kot werden die Samen ausgeschieden und so verbreitet. Damit die Samen nicht zerbissen und im Magen-Darm-Trakt zerstört werden, sind sie durch harte Zellschichten geschützt. Diese harten Schichten werden durch die Verdauungssäfte des Tiers wasserdurchlässig, sodass der Samen nun Wasser aufnehmen und quellen kann (s. Experiment 79). Samen, die den Magen-Darm-Trakt eines Tiers nicht passiert haben, keimen nicht erfolgreich aus. Der Kot selbst dient den Keimlingen als Dünger. Damit die Tiere die Früchte auch finden und fressen, sind sie leuchtend rot gefärbt, duften und enthalten wichtige Nahrungsstoffe.

94. Kratzen erlaubt
Juckpulver aus Hagebutten

Du brauchst...
- Reife Hagebutten
- 1 Messer
- 1 Teelöffel

So geht's:

- Schneide die Hagebutten mit dem Messer durch und kratze mit dem Teelöffel die Kerne heraus.
- Stecke die Kerne in den Ärmel deines Pullovers auf die Haut deines Arms.

Was passiert?

Du musst dich kratzen, denn die Kerne (Nüsschen) jucken.

Warum?

Hagebutten sind die Früchte der Rosen. Es sind Sammelnussfrüchte, die Nüsschen enthalten, die in einen fleischigen Blütenboden eingesenkt sind. Der Juckreiz wird durch die feinen, mit Widerhaken besetzten Härchen, die außen an den Nüsschen sitzen, hervorgerufen. Da die Nüsschen Allergien auslösen können, sollten Allergiker das Experiment nicht durchführen.

95. So eine Klette!
Bleiben Kletten immer an der Kleidung hängen?

Du brauchst...

- Klettenpflanzen (Arctium-Arten) mit Früchten („Köpfchen")
- 1 alte Socke oder 1 Schal aus Wolle
- 1 Lupe (möglichst Stereolupe mit 20facher Vergrößerung)

So geht's:

- Lege ein „Kletten-Köpfchen" auf eine Socke.
- Versuche sie zu entfernen.
- Betrachte das Kletten-Köpfchen mit der Lupe.

Was passiert?

Das Kletten-Köpfchen verhakt sich im Wollgewebe und lässt sich nur schwer entfernen. Betrachtet man die „Stacheln" der Klette mit der Lupe, erkennt man, dass sie kleine Häkchen tragen.

Warum?

Das „Kletten-Köpfchen" ist der körbchenförmige Fruchtstand der Klettenpflanze, der von hakigen Hüllblättern umgeben ist. Die Früchte (Achänen) selbst sind glatt. Betrachtet man die Häkchen an der Spitze der Hüllblätter unter der Lupe, erkennt man bei 20facher Vergrößerung winzige Widerhaken. Sie verhindern, dass sich die Klette wieder entfernen lässt. In der Natur verhaken sich die stacheligen Blütenstände am Fell von Säugetieren. Dabei biegt sich die festgehakte Pflanze elastisch und beim Zurückschnellen werden die samenhaltigen Achänen aus dem Körbchen ausgeschleudert und so verbreitet.

Die Klette ist eine „Erfindung der belebten Natur", die sich der Belgier George de Mestral zum Vorbild nahm. Als er 1951 mit dem Mikroskop erkannte, wie sich Kletten festhaken, entwickelte er nach dem gleichen Prinzip den Klettverschluss. Die Wissenschaftsrichtung, die sich damit beschäftigt, die Funktionsweise der „Erfindungen der Natur" zu entschlüsseln und in technische Erfindungen umzusetzen, wird als Bionik bezeichnet.

96. „Rühr-mich-nicht-an!"
Woher hat das Springkraut seinen Namen?

Du brauchst...

- 1 lebende Pflanze des Kleinblütigen Springkrauts (Impatiens parviflora) oder des Drüsigen Springkrauts (Impatiens glandulifera)

So geht's:

- Betrachte die Pflanze an ihrem Wuchsort und suche ihre Früchte.
- Nimm eine der Früchte kurz zwischen die Finger und lasse sie dann wieder los.

Was passiert?

Die Fruchtkapsel öffnet sich explosionsartig und entlässt ihren Samen.

Warum?

Die Frucht des Springkrauts besteht aus fünf verwachsenen Fruchtblättern. In seiner äußeren und inneren Fruchtwand ist der Turgordruck (s. Experiment 23) in den Pflanzenzellen unterschiedlich hoch. In dem sogenannten Schwellgewebe ist der Turgordruck erhöht, sodass die Frucht nach der Berührung zwischen den Fruchtklappen einreißt und den Samen herausschleudert.

Springkräuter haben eine besondere Art, ihre Samen zu verbreiten. Nicht nur das deutsche Wort „Springkraut", auch der lateinische Gattungsname Impatiens (ungeduldig) leitet sich davon ab. Beim Großen Springkraut deutet auch der Artname nolitangere (Rühr-mich-nicht-an) auf den Schleudermechanismus der Fruchtkapsel hin.

97. Brombeer-Stecklinge
Kann man Brombeersträucher auch aus Stecklingen ziehen?
Bitte hierbei einen Erwachsenen um Hilfe!

Du brauchst...
- 1 lebender Brombeerstrauch
- Anzuchterde (aus dem Gartencenter)
- 1 Schaufel oder 1 alter Löffel
- Hohe Blumentöpfe
- 1 Gartenschere
- 1 Wassersprühflasche
- 1 durchsichtige Plastiktüte
- 1 Gummiband

So geht's:
- Fülle die Blumentöpfe mit Anzuchterde.
- Befeuchte die Erde mit Wasser.
- Bitte einen Erwachsenen, mit der Gartenschere 5 bis 10 cm lange Stücke von einem einjährigen, belaubten Trieb eines Brombeerstrauchs abzuschneiden. (Jedes Stück sollte etwa 2 bis 3 Knospen haben.)
- Stecke die Stecklinge mit dem unteren Ende in die feuchte Erde.
- Besprühe die Pflanze mit Wasser.
- Stülpe eine durchsichtige Plastiktüte über die Pflanze und befestige sie mit einem Gummiband.
- Warte 3 bis 4 Wochen und halte in dieser Zeit die Erde feucht.

Was passiert?
Stecklinge sind Teilstücke von Trieben, die man abschneidet und in die Erde steckt. Der Brombeer-Steckling bildet nach unten Wurzeln und nach oben kleine Blättchen. Sind Blättchen sichtbar, kannst du die Folie lüften und schließlich ganz entfernen. Gieße das Brombeerpflänzchen regelmäßig und stelle es im Sommer mitsamt Topf ins Freie. Im Herbst kannst du es in den Garten pflanzen.

Warum?
Brombeeren können sich vegetativ (d.h. ungeschlechtlich, ohne Befruchtung) vermehren. Die aus der Mutterpflanze entstehenden Tochterpflanzen haben dasselbe Erbgut und werden daher auch als „Klone" bezeichnet.

98. Unterirdische Ausläufer
Wie lassen sich Brombeersträucher noch schneller vermehren?
Bitte hierbei einen Erwachsenen um Hilfe!

Blüte

Frucht

Du brauchst...
- 1 lebender Brombeerstrauch
- Anzuchterde (aus dem Gartencenter)
- 1 Schaufel oder 1 alter Löffel
- 1 hoher Blumentopf
- 1 Gartenschere
- 1 Wassersprühflasche

So geht's:

- Bitte einen Erwachsenen, zwischen Oktober und April einen unterirdischen Ausläufer der Brombeerpflanze auszugraben, ein langes bewurzeltes Stück des Triebes mit der Gartenschere abzuschneiden und die Wurzeln etwas zu stutzen.
- Fülle den Blumentopf mit Anzuchterde und befeuchte diese mit Wasser.
- Pflanze die Wurzeln des Ausläufers in die feuchte Erde.
- Stelle den Topf auf ein sonniges Plätzchen am Balkon und halte die Erde feucht.

Was passiert?
Der Brombeer-Ausläufer bekommt immer mehr Blätter.

Warum?
Brombeeren lassen sich nicht nur über Samen und Stecklinge (s. Experiment 97) vermehren, sondern auch über unterirdische Ausläufer. Das sind bewurzelte Triebe, die sich unter der Erde ausbreiten, an anderer Stelle aus dem Boden sprießen und dort einen neuen Strauch bilden, der bis zu zwei Meter hoch werden kann. Er hat weiße bis rosafarbene Blüten und blüht von Juni bis August. Die Stacheln, die an den äußeren Gewebeschichten der Zweige gebildet werden, schützen die Pflanze davor, von Tieren gefressen zu werden. Außerdem hakt sie sich mit den Stacheln an anderen Pflanzen fest und kann so leichter emporranken. Aus den befruchteten Blüten entwickeln sich zwischen Juli und November die saftigen Steinfrüchtchen, die bis zu 2 cm groß und blauschwarz gefärbt sind.

99. Blatt-Stecklinge

Kann sich aus einem einzigen Blatt eine ganze Pflanze entwickeln?

Du brauchst...

- 1 grünes Begonienblatt (gesunde Pflanze!)
- Torfmull
- Gartenerde
- 1 Anzuchtschale (erhältlich in Gartencentern)
- Drahtklammern
- 1 scharfes Küchenmesser
- 1 Wassersprühflasche
- Klarsichtfolie

So geht's:

- Fülle die Anzuchtschale mit einem Gemisch aus Erde und Torfmull.
- Durchfeuchte die Erde mit der Sprühflasche.
- Schneide das Blatt an den Verzweigungen der Blattrippen mit einem Messer ein.
- Befestige das Begonienblatt mit den Drahtklammern auf der feuchten Erde.
- Besprühe das Blatt mit Wasser.
- Bespanne die Anzuchtschale mit Klarsichtfolie.
- Halte die Erde mit der Sprühflasche feucht (vermeide aber zu starke Nässe!).
- Warte einige Wochen.

Was passiert?

An den Einschnittstellen bilden sich neue Wurzeln und Sprosse.

Warum?

Begonien können sich durch Zellteilung vegetativ (ungeschlechtlich, ohne Samen) vermehren. Ein einziges Blatt ist in der Lage, zu einer neuen Pflanze heranzuwachsen. Die sich aus dem Blattableger entwickelnde Tochterpflanze ist ein Klon der Mutterpflanze, das heißt, sie hat genau dasselbe Erbgut.

100. Veilchenzucht

Können sich auch Usambaraveilchen vegetativ über Blatt–Stecklinge vermehren?

Du brauchst...

- 1 Usambaraveilchen im Topf (gesunde Pflanze!)
- 1 scharfes Küchenmesser
- 1 Blumentopf mit Torfmull und Gartenerde gefüllt
- 2 Schaschlikspieße
- 1 Wassersprühflasche
- 1 durchsichtige Plastiktüte

So geht's:

- Befeuchte die Erde im Blumentopf

- Schneide von der Pflanze mit dem Messer ein Blatt ab.

- Stecke das Stielende des Blatts in die feuchte Erde.

- Stecke neben das Blatt zwei Schaschlikspieße.

- Besprühe das Blatt mit Wasser.

- Stülpe über den ganzen Topf eine durchsichtige Plastiktüte, sodass das Blatt vor Austrocknung geschützt ist (siehe Abbildung).

- Halte die Erde feucht (vermeide aber Staunässe!).

- Warte einige Wochen.

Was passiert?

Das alte Blatt verfärbt sich, doch daneben bilden sich nach einiger Zeit frische grüne Blättchen aus.

Warum?

Usambaraveilchen zählen zu den Pflanzen, die sich vegetativ vermehren können. Unter der Erde bilden sich am Blattstiel Wurzeln aus, oberhalb der Erde wächst ein neuer Spross mit Blättern.

101. Kopflose Kakteen
Leben Säulenkakteen mit fremdem Kopf weiter?
Bitte hierbei einen Erwachsenen um Hilfe!

Du brauchst...
- 2 gleich große Säulenkakteen im Topf
- Zeitungspapier
- Arbeitshandschuhe
- 1 scharfes Messer
- 1 Stück Schnur
- Kakteendünger
- 1 Wassersprühflasche

So geht's:

- Breite das Zeitungspapier auf einem Tisch aus.
- Bitte einen Erwachsenen, die „Köpfe" der beiden Säulenkakteen mit dem Messer abzutrennen.
- Lasse die vier Schnittstellen gut antrocknen.
- Ziehe die Arbeitshandschuhe an und setze einem der beiden Kakteen den „Kopf" des anderen auf.
- Fixiere den Kopf mit einem Stück Schnur auf der Unterlage (vgl. Abbildung).
- Gebe Kakteendünger in die mit Wasser gefüllte Sprühflasche und besprühe die Kakteen damit.
  (Vermeide aber Staunässe in der Erde!)

Was passiert?

Der „fremde Kopf" wächst an der Kakteenpflanze an. Aus dem Stumpf des anderen, geköpften Kaktus können bei starker Düngung rund um die Schnittfläche neue Sprosse austreiben.

Warum?

Kakteen können sich vegetativ (das heißt ohne Samen) vermehren und besitzen an einigen Stellen (z.B. an den Spitzen von Wurzel und Spross) sogenannte meristematische Gewebe (Bildungsgewebe) aus unspezialisierten und unbegrenzt teilungsfähigen Zellen, mit deren Hilfe sie verletzte Pflanzenteile erneuern können. Die Meristeme wachsen, indem sie sich teilen und Zellen an den Pflanzenkörper abgeben. Die Zellen spezialisieren sich und bilden Stängel, Blatt, Blüten oder Wurzeln. Dementsprechend enthält der abgeschnittene „Kakteenkopf" Meristeme mit unspezialisierten Zellen, die an den Kaktus-Stumpf anwachsen können.

Glossar

Adhäsion
Aneinanderhaften von zwei verschiedenen Stoffen aufgrund molekularer Kräfte. Beispiel: Haften der Kreide an der Tafel.

Ätherisches Öl
wird aus Pflanzen gewonnen und verflüchtigt sich leicht.

Anthocyan
Pflanzen-Farbstoff, der eine rote, violette und blaue Färbung verursacht.

Bedecktsamer, auch Angiospermen
Unterabteilung der →Samenpflanzen, bei denen die Samenanlagen von Fruchtblättern umhüllt sind, das heißt der Samen ist in der Frucht eingeschlossen („bedeckt").

Befruchtung
dient der →geschlechtlichen Vermehrung durch Verschmelzung einer männlichen und einer weiblichen Fortpflanzungszelle. Voraussetzung ist die vorhergehende →Bestäubung, bei der die Pollenkörner an der →Narbe haften bleiben. Die Befruchtung führt zur Bildung einer →Zygote, aus der sich der →Embryo entwickelt.

Bestäubung
sind Bestandteile des →Sprosses und dienen der Fortpflanzung, wobei als Endprodukt Samen entstehen. Daher werden Blütenpflanzen auch als →Samenpflanzen bezeichnet. Sie umfassen zwei große Gruppen: die →Nacktsamer und die →Bedecktsamer.

Blüten
sind Bestandteil des →Sprosses, dienen der Fortpflanzung und bestehen aus Blättern, die zu diesem Zweck umgebildet wurden: Der Blütenstaub (→Pollen) entsteht in den Staubblättern, die →Eizellen in den Samenanlagen, die sich in den Fruchtblättern befinden.

Blütenstand
Anordnung von Einzelblüten.
(Beispiel: Rispe, Ähre, Traube)

Carotinoide
Farbstoffe in Pflanzen, die eine orangegelbe bis rötliche Färbung verursachen.

Chlorophyll
Grüner Blattfarbstoff, der sich in den →Chloroplasten der Pflanzenzellen befindet und die Energie des Sonnenlichts für die Herstellung von Traubenzucker nutzt.

Chloroplasten
Bestandteil einer Pflanzenzelle, der den grünen Blattfarbstoff →Chlorophyll enthält und die →Fotosynthese ermöglicht.

Chromosomen
Träger der gesamten Erbinformation eines Lebewesens; befindet sich im Zellkern.

Cuticula (Kutikula)
Schutzschicht, die bei Pflanzen die →Epidermis wie eine dünne Haut überzieht und vor Wasserverlust schützt.

Cytoplasma (Zytoplasma)
Zellflüssigkeit, die größtenteils aus Wasser und Eiweißstoffen besteht.

Diffusion
Gleichmäßige Vermischung von Gasen oder Flüssigkeiten.

Dunkelkeimer
Pflanzen, deren Samen nur in ausreichender Dunkelheit auskeimen und durch Licht in ihrer →Keimung gehemmt werden.

Einkeimblättrig
Pflanzen, deren Samen nur ein Keimblatt enthalten und sich durch parallele Blattadern auszeichnen. Beispiel: Gräser, Tulpen.

Eizelle

Weibliche Keimzelle, aus der sich nach der →Befruchtung durch die männliche Keimzelle die →Zygote bildet und zum →Embryo (Keimling) entwickelt.

Einhäusig

Pflanzen sind einhäusig, wenn männliche und weibliche Blüten getrennt voneinander auf ein und derselben Pflanze vorhanden sind.

Embryo, Keim

ist bei →Samenpflanzen der bei der →Keimung wachsende Teil des Samens.

Enzym

Spezielle Eiweißstoffe, die die Geschwindigkeit chemischer Reaktionen beeinflussen.

Epidermis

Außenhaut aus fest miteinander verbundenen →Zellen, deren Aufgabe darin besteht, die Pflanze vor Verletzungen und Wasserverlust zu schützen. Die Zellaußenwände sind verdickt und von einem wasser- und gasdurchlässigen Film, der →Cuticula, überzogen. An der Blattunterseite ist die Epidermis zwecks Gasaustauschs von Poren, den →Spaltöffnungen unterbrochen.

Fotosynthese

Vorgang, bei dem Pflanzenzellen, die →Chlorophyll besitzen, mit Hilfe des Sonnenlichts aus Kohlenstoffdioxid und Wasser Traubenzucker herstellen. Hierbei wird Sauerstoff freigesetzt.

Gen

Träger der Erbinformation. Die gesamte Erbinformation bzw. Gesamtheit aller Gene wird als Genom bezeichnet. Das Genom enthält die vollständige Information („Bauplan"), die zur Entwicklung eines Lebewesens notwendig ist.

Geschlechtliche Vermehrung

Fortpflanzung durch männliche und weibliche Keimzellen.

Gewebe

Verband gleichartiger →Zellen. Man unterscheidet Bildungsgewebe (→Meristeme) aus teilungsfähigen Zellen sowie Dauergewebe aus nicht mehr teilungsfähigen Zellen.

Glukose

Traubenzucker

Herbarium

Sammlung getrockneter und gepresster Pflanzen mit Angabe von Bezeichnung, Fundort etc.

Kapillarkraft

Eigenschaft von Flüssigkeiten, sich in engen Röhren und Spalten auszubreiten.

Keimling, Embryo

Jungpflanze im Stadium der →Keimung.

Keimung

Wachstum des im →Samen eingeschlossenen →Keimlings zur jungen Pflanze. Eingeleitet wird die Keimung mit der Wasseraufnahme (→Quellung).

Klon

Organismus, der mit dem Mutterorganismus genetisch identisch ist.

Kohäsion

„Zusammenhangskraft" von Teilchen (Molekülen) innerhalb eines Stoffes, z.B. von Wassermolekülen untereinander.

Kondensieren

Übergang eines Stoffes vom gasförmigen in den flüssigen Aggregatzustand.

Leitbündel, Leitungsbahnen

Röhrenförmige Transportbahnen der Pflanzen. Setzen sich aus Siebteil (Bast, →Phloem) und Gefäßteil (Holzteil, →Xylem) zusammen.

Leitgewebe

Gefäße, die bei Farn- und →Samenpflanzen zu →Leitbündeln bzw. –bahnen zusammengefasst werden und die Pflanze in Röhrenform durchziehen. Man unterscheidet: →Phloem (Bast- bzw. Siebteil), das die durch die Fotosynthese entstandene Nahrung (Zucker) von den Blättern nach unten z.B. in Stamm und Wurzeln transportiert, sowie das →Xylem (Holzteil), das Wasser und Mineralstoffe von den Wurzeln bis in die Blätter transportiert.

Lichtkeimer
Pflanzen, die durch Licht in ihrer →Keimung gefördert werden.

Lösung
Gemisch aus mindestens zwei verschiedenen Stoffen.

Meristem, Bildungsgewebe
Pflanzliches Gewebe aus teilungsfähigen →Zellen, von denen das Pflanzenwachstum ausgeht. Meristeme findet man beispielsweise an den Spitzen von Wurzel und Spross, wobei die Zellgruppe, von der das Teilungswachstum ausgeht, als Vegetationspunkt bezeichnet wird.
Gegensatz: Dauergewebe wie beispielsweise die →Epidermis.

Molekül
Zusammenschluss unterschiedlichster Atome (kleinste Teilchen) zu Atomgruppen.

Nacktsamer
Pflanzen, deren Samenanlagen frei auf dem Fruchtblatt liegen und nicht, wie bei den →Bedecktsamern, in einem Fruchtknoten eingeschlossen sind.

Narbe
Bei Blütenpflanzen derjenige Teil des Stempels, der bei der →Befruchtung Blütenstaub (→Pollen) aufnimmt.

Organellen
Zellbestandteile. Bereiche, die durch Membrane abgetrennt sind und in der →Zelle ähnliche Funktionen übernehmen wie die Organe im Körper von Menschen.
Beispiel: Kern, Mitochondrium, Endoplasmatisches Reticulum.

Osmose
Die Osmose ist eine spezielle Form der →Diffusion, bei der zwei gleichartige, aber unterschiedlich konzentrierte →Lösungen durch eine →semipermeable Membran getrennt werden. Da diese Membran z.B. für Wassermoleküle durchlässig ist, „wandern" bzw. diffundieren so lange Wassermoleküle von der weniger konzentrierten in die höher konzentrierte Lösung, bis ein Ausgleich der Konzentration auf beiden Seiten erfolgt ist. Osmose spielt eine wichtige Rolle im Pflanzen- und Tierreich.

Phloem
Sieb- bzw. Bastteil des →Leitbündels, das Zucker und Nährstoffe innerhalb einer Pflanze von den Blättern, in denen die →Fotosynthese abläuft, nach unten (z.B. in Stamm und Wurzeln) transportiert.

Pollen, Blütenstaub (→Bestäubung)
wird in den Staubblättern der Blüte gebildet und enthält die männlichen Keimzellen, die durch Wind, Wasser oder Tiere (z.B. Bienen) von einer Pflanze auf die andere übertragen werden und der →Befruchtung von Pflanzen dienen.

Quellung
Aufnahme von Wasser, wodurch der Körper an Volumen zunimmt. Mit der Quellung wird die →Keimung eingeleitet.

Rhizom, Erdsprosse
Unterirdische, horizontal wachsende Ausläufer, die der Nährstoffspeicherung dienen.

Samenpflanzen
Pflanzen mit den Grundorganen →Wurzel, →Sprossachse und Blätter, die durch Blüten- und Samenbildung gekennzeichnet sind. In Abhängigkeit davon, ob die Samen nur teilweise oder vollständig in die Fruchtblätter eingehüllt sind, unterscheidet man →Nacktsamer und →Bedecktsamer.

Semipermeable Membran
Halbdurchlässige Membran, die Flüssigkeiten oder Gase trennt und nicht für alle Stoffe gleich durchlässig ist.

Spaltöffnungen, Stomata
Schließzellen bzw. Poren, die durch Schließen und

Öffnen den Gasaustausch (Kohlendioxidaufnahme und Sauerstoffabgabe für →Fotosynthese und Atmung) und die →Transpiration einer Pflanze regulieren. Spaltöffnungen befinden sich normalerweise auf der Unterseite der Blätter.

Sporen
Dienen der Ausbreitung und Fortpflanzung. Sporenpflanzen sind niedere Pflanzen, die keine Blüten bilden.
Beispiel: Moose, Pilze, Farne.

Spross
Meist oberirdisch wachsende Teile einer Pflanze, setzen sich aus →Sprossachse und Blättern zusammen.

Sprossachse
Stängel (bei krautigen Pflanzen) bzw. Stamm, Ast oder Zweig (bei Gehölzen), in der sich die →Leitbündel zum Transport von Wasser und Zucker befinden. Verbindung von Wurzel und Blättern.

Stecklinge
Abgetrennte Sprossteile einer Pflanze, die der →vegetativen Vermehrung dienen.

Transpiration
Verdunstung von Wasser über die →Spaltöffnungen in den Blättern einer Pflanze.

Transpirationssog
Die Wasserabgabe (→Transpiration) über die Blätter verursacht im →Xylem einen Unterdruck. Hierdurch entsteht ein Sog, der es dem Wasser ermöglicht, von den Wurzeln bis in die Blätter aufzusteigen und somit →Spross, Blätter und →Blüten mit Wasser und darin gelösten Mineralsalzen zu versorgen.

Tropismus
Reaktion von Pflanzen auf bestimmte Reize. Wächst die Pflanze in Richtung des Reizes, spricht man von positivem Tropismus, entfernt sich die Pflanze von dem Reiz, von negativem Tropismus.
Beispiele: Foto-Tropismus wird durch Licht ausgelöst, Geotropismus durch die Erdanziehungskraft.

Turgor
Druck des Zellsaftes auf die Zellwand einer Pflanzenzelle. Innendruck der Pflanzenzelle. Der Turgor ist am größten, wenn die Zelle durch →Osmose prall mit Wasser gefüllt ist. Lässt der Turgor infolge Wassermangel oder Transpiration nach, wird die Pflanze schlapp und welk.

Vegetative Vermehrung
Ungeschlechtliche Vermehrung von Pflanzen durch Zellteilung bestimmter Pflanzenteile. Es kann sich um unterirdische Teile wie →Rhizome, Zwiebeln, Knollen oder Wurzeln handeln, aber auch um oberirdische Teile wie Stängel oder Blätter. (Gegensatz: →Geschlechtliche Vermehrung)

Vermehrung
Entstehung neuer Individuen einer Art durch geschlechtliche Fortpflanzung oder →vegetative Vermehrung.

Wurzeln
Neben der →Sprossachse und dem Blatt das dritte Grundorgan einer Sprosspflanze. Dient der Wasser- und Nährstoffaufnahme, dem Transport und der Verankerung der Pflanze im Boden.

Xylem
Holziges Pflanzengewebe, das Wasser und darin gelöste Nährsalze von den Wurzeln in die →Sprossachse und zu den Blättern transportiert. Bildet zusammen mit dem →Phloem die →Leitbündel.

Zelle
Kleinster Baustein des Lebens.

Zweihäusig
Pflanzen sind zweihäusig, wenn männliche und weibliche Blüten nie zusammen auf einer Pflanze zu finden sind. An einem zweihäusigen Baum befinden sich entweder nur weibliche oder nur männliche Blüten.

Zweikeimblättrig
Pflanzen, deren Samen zwei Keimblätter enthalten und die verzweigte (netzförmige) Blattadern haben. Sie sind die artenreichste Gruppe.

Zygote
→Eizelle, die durch eine männliche Keimzelle befruchtet wurde und mit ihr verschmolzen ist.

In dieser Reihe auch erschienen

101 Experimente mit Wasser

ab 8 Jahren
144 Seiten
€ 12,95 (D), € 13,40 (A)
ISBN 978-3-89777-425-4

Ein Wasserstrahl wird wie durch Zauberhand verbogen, Erbsen und Rosinen machen sich selbstständig, Wassertropfen führen einen Tanz auf, und Streichhölzer flitzen motorisiert über die Wasseroberfläche.

Wasser spielt in unserem Leben nicht nur eine extrem wichtige Rolle, sondern es hat zudem ganz erstaunliche Eigenschaften, die viele Fragen aufwerfen:

- **Warum können tonnenschwere Schiffe und Eisberge schwimmen?**
- **Wie funktionieren U-Boote, Taucherglocken, Flaschenteufelchen und Kläranlagen?**
- **Wieso können Fische in zugefrorenen Teichen und Seen überleben?**
- **Warum dehnt sich Wasser aus, wenn es gefriert?**

101 Experimente geben faszinierende Einblicke in das Element Wasser - mit zahlreichen interessanten Fakten, anschaulichen Erklärungen und lustigen Illustrationen.